# Logisch!

## Deutsch für Jugendliche
## Grammatiktrainer A1

von
Paul Rusch

D1727665

Ernst Klett Sprachen

Stuttgart

Von Paul Rusch

Redaktion: Sabine Franke in Zusammenarbeit mit Angela Kilimann
Gestaltungskonzept und Layout: Andrea Pfeifer
Umschlaggestaltung: Andrea Pfeifer
Zeichnungen: Anette Kannenberg
Satz und Litho: kaltnermedia GmbH, Bobingen

Bildnachweise:
S. 5 und 6 Dieter Mayr, S. 4 und 13 Paul Rusch, S. 25 Bildarchiv Langenscheidt, S. 26 shutterstock/
Suponev Vladimir, S. 49 shutterstock/Shironosov

| *Logisch* A1 – **Materialien** | |
| --- | --- |
| Kursbuch A1 | 606319 |
| Arbeitsbuch A1 mit CD | 606320 |
| Arbeitsbuch A1 mit CD und Vokabeltrainer (CD-ROM) | 606325 |
| CD zum Kursbuch A1 | 606322 |
| Lehrerhandbuch A1 | 606327 |
| Grammatiktrainer A1 | 606323 |
| Vokabeltrainer A1 (CD-ROM) | 606326 |
| Interaktive Tafelbilder A1 (CD-ROM) | 606324 |
| (auch als Download erhältlich: www.klett-sprachen.de/tafelbilder) | |

| *Logisch* A1 – **in Teilbänden** | |
| --- | --- |
| Kursbuch A1.1 | 605171 |
| Arbeitsbuch A1.1 | 605172 |
| Kursbuch A1.2 | 605173 |
| Arbeitsbuch A1.2 | 605174 |

Besuchen Sie uns auch im Internet:
www.klett-sprachen.de/logisch

1. Auflage    1 ¹⁰ ⁹ ⁸ | 2023 22 21

© Ernst Klett Sprachen GmbH, Rotebühlstraße 77, 70178 Stuttgart, 2017

Erstausgabe erschienen 2010 bei der Langenscheidt KG, München
Das Werk und seine Teile sind urheberrechtlich geschützt. Jede Verwertung in anderen als den gesetzlich zugelassenen Fällen bedarf deshalb der vorherigen schriftlichen Einwilligung des Verlags.

Druck und Bindung: Elanders GmbH, Waiblingen

ISBN 978-3-12-606323-4

# Logisch! A1
# Inhalt

# Hallo, ich heiße ...!

## Buchstabieren

**1** Ergänze die Buchstaben. Kontrolliere.

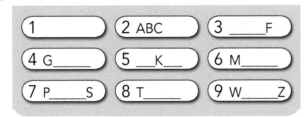

| 1 _____ | 2 ABC | 3 ____ F |
| 4 G____ | 5 __K__ | 6 M____ |
| 7 P____S | 8 T____ | 9 W____Z |

**2** Schreib die Buchstaben: *Groß* und *klein*.

**Konsonanten**

Be  B , b      Tse  ___ , ___      De  ___ , ___      Eff  ___ , ___      Ge  ___ , ___
   Ha  ___ , ___      Jott  ___ , ___      Ka  ___ , ___      Ell  ___ , ___      Emm  ___ , ___
Enn  ___ , ___      Pe  ___ , ___      Ku  Q ___ , ___      Err  ___ , ___      Ess  ___ , ___
   Te  ___ , ___      Fau  ___ , ___      We  ___ , ___      Iks  ___ , ___
Üpsilon  ___ , ___      Tsett  ___ , ___
   ß , –   Ess Tsett      CH  ___ , ___      SCH  ___ , ___      Ess Tse Ha
                              Tse Ha                    Ess Tse Ha

**3** Ergänze die Buchstaben: *Groß* und *klein*.

**Vokale**   A , a  ___ , e  I , ___  ___ , o  ___ , ___

**Umlaute**   Ä , ___  ___ , ___  ___ , ___

**4** *Groß* oder *klein*? Ergänze die Buchstaben.

a/A • b/B • d/D • e/E • h/H • i/I • n/N • ß • t/T • w/W

1. _H_ allo!   2. Ich ___in Alex.   3. ___er bist du?   4. Guten ___ag!

5. Wer ist ___as?   6. Das ___st Nora.   7. Wie hei___t du?   8. Mein ___ame ist …

9. ___ntschuldigung!   10. Wie ___lt bist du?

**5** Schreib die Wörter und Sätze richtig. Achte auf Großbuchstaben.

1. NEMA   2. 13 JARHE LAT   3. FRUEND   4. GUETN MROGEN!

   _Name_____   _13 Ja…_____   _____   _____

5. DSA ITS MIEN HNUD.   6. WEI BUCHTSABEIRT MNA SAD?

   _____   _____

# W-Fragen und Antworten

**6** **a** Welche Antwort passt? Verbinde.

1. Wer bist du?                          A  Ich bin 14.

2. Wie heißt du?                         B  0-1-7-2...

3. Wie alt bist du?                      C  Ich bin Nora.

4. Wie ist deine Telefonnummer?          D  Das ist Plato.

5. Wer ist das?                          E  Ich heiße Hanna.

6. Wie buchstabiert man das?             F  P-L-A-T-O.

**b** Wo steht das Verb? Markiere in 6a die Verben.

**7** Schreib die Fragen richtig.

1. heißt / wie / du / ?    _Wie heißt du?_____    – Ich heiße Lukas.

2. das / wer / ist / ?    _____    – Das ist Hanna.

3. wie / bist / alt / du / ?    _____    – Ich bin zwölf.

**8** Fragen oder Antworten? Ergänze . oder ?.

1. Entschuldigung, wie ist dein Name _?_    2. Das ist Nora __    3. Ina ist meine Freundin __

4. Wie alt bist du __    5. Wie ist dein Familienname __    6. Mein Freund heißt Alex __

7. Herr Schulze ist 20 Jahre alt __    8. Wer ist das __

**9** Welche Antwort ist richtig? Kreuze an.

1. Wie heißt er?              ☒ Er heißt Lukas.              ☐ Sie heißt Nora.

2. Wer ist das?              ☐ Nora ist 14.              ☐ Das ist meine Freundin.

3. Wie ist dein Name?              ☐ Hanna.              ☐ Er heißt Martin.

4. Wie alt bist du?              ☐ Ich rufe an.              ☐ Ich bin zwölf.

5. Wie bitte? Wie heißt sie?              ☐ Naomi, N–A–O–M–I.              ☐ Ich heiße Naomi.

# Verbformen: *sein* und *heißen*

**10** Ergänze die Sätze.

> ~~das~~ • das • du • du • er • ~~ich~~ • ich • sie

_Ich_ heiß**e** Alex.   _____ hei**ß**t Nora.   _____ hei**ß**t Nora.   _____ hei**ß**t Alex.

_____ **bin** Alex.   _____ **bist** Nora.   _Das_ **ist** Nora.   _____ **ist** Alex.

**11** Welches Verb passt? Ergänze die Sätze.

> bin • bist • heiße • ~~heißt~~ • heißt • heißt • heißt • ist • ist

1. Wie _heißt_____ du? – Ich _____ Alex.

2. Wer _____ das? – Das _____ meine Freundin. Sie _____ Ina.

3. Wie alt _____ du? – Ich _____ zwölf.

4. Wie _____ sie? – Paula Maier! Sie _____ Paula Maier.

**12** Was passt zusammen?

1. Sie     A bin Tina.
2. Das     B heißt Martin.
3. Er       C heißt Nora.
4. Ich      D ist Alex.

**13** *sein* oder *heißen*? Ergänze das Verb.

1. Wer ist das? – Das _ist_____ Nora. Sie _____ meine Freundin.

2. Wie heißt er? – Er _____ Lukas. Lukas _____ 14 Jahre alt.

3. Wie heißt du? – Ich _____ Pia. Ich _____ 13.

4. Wie alt ist Herr Müller? – Er _____ 20.

# Lernst du Deutsch?

## Ja-/Nein-Fragen und Antworten

**1** Welche Antworten passen nicht? Streich sie durch.

| | | |
|---|---|---|
| 1. Magst | du | Musik? |
| 2. Kennst | du | Robbie Williams? |
| 3. Hast | du | ein Handy? |
| 4. Ist | das | deine Katze? |
| 5. Sind | das | deine Schuhe? |

**Position 1**

A ~~Nora.~~     B Er heißt Plato.     C Ja.

D 0-1-7-2-5-4-8.     E Ich weiß nicht.

F 13 Jahre.     G Nein.     H Schwer.

I Robbie ist cool.     J Vierzehn.

K Deutsch.

**2** Notiere die richtigen Antworten: *Ja, Nein* oder *Ich weiß nicht.*

Helga Müller;
Lehrerin
mag Musik,
lernt Japanisch

1. Ist Frau Müller Lehrerin?    _Ja._____
2. Heißt sie Heidi?    _____
3. Mag sie Bücher?    _____
4. Hat Frau Müller eine Brille?    _____
5. Lernt sie Englisch?    _____

**3** Schreib die Fragen richtig.

1. das / dein Hund / ist / ?    _Ist das dein ..._____
2. Deutsch / du / lernst / ?    _____
3. hast / eine Brille / du / ?    _____
4. Plato / du / kennst / ?    _____
5. eine Katze / du / hast / ?    _____

**4** W-Frage oder Ja-/Nein-Frage? Schreib die richtigen Fragen.

• ~~das / ist / wer / ?~~ • du / kennst / Tokio Hotel / ? • wie alt / du / bist / ? • du / heißt / Pia / ?

1. _Wer ist das?_____ – Das ist Nora.
2. _____ – Ja, ich heiße Pia.
3. _____ – Ich bin 14 Jahre alt.
4. _____ – Nein, ich kenne Tokio Hotel nicht.

## Verbformen: *du hast, du lernst ...*

**5 a Markiere die Verben.**

> Ich lerne Deutsch. • Hast du ein Handy? • Nadja lernt Deutsch. • Frau Müller hat CDs.
> Lernst du Deutsch? • Robbie hat ein Handy. • Ich habe Freunde. • Pia mag Hunde.
> Ich mag Musik. • Magst du Musik? • Paul lernt Englisch und Deutsch. • Robbie mag Musik.

**b Wo passen die Verben? Ordne zu.**

| ich | bin | du | bist | er | ist | sie | ist |
|-----|------|-----|------|-----|------|-----|------|
| ich | *habe* | du | _____ | er | _____ | sie | _____ |
| ich | *lerne* | du | _____ | er | _____ | sie | _____ |
| ich | *mag* | du | _____ | er | _____ | sie | _____ |

**c Was ist gleich? Markiere in der Tabelle!**

**6 Welche Verbform stimmt? Kreuze an.**

1. Nadja    ☒ mag    ☐ magst    Musik.
2. Was    ☐a lernst    ☐b lernt    du?
3. Frau Müller    ☐a hast    ☐b hat    eine Brille.
4. Wie alt    ☐a ist    ☐b bin    Plato?
5. Paul    ☐a lerne    ☐b lernt    Deutsch.

**7 Ergänze die Sätze.**

> st • t • t • e • t • e • t • st • t

1. Meine Freundin heiß_*t*_ Nadja.   2. Nadja lern___ Deutsch.   3. Ich mag Musik. Mag___ du auch Musik?   4. Ich geh___ in die Klasse 7c.   5. Ich lern___ Deutsch.   6. Die Lehrerin heiß___ Müller.   7. Sie sag___ „Guten Morgen!"   8. Kenn___ du Plato?   9. Er sag___ „Wau, wau!"

## Artikel: *der, das, die*

**8 a Ergänze die Artikel.**

1. _die_ Lehrerin – _die_ Freundin – _der_ Lehrer – _die_ Schülerin
2. _____ Name – _____ Musik – _____ Vorname – _____ Familienname
3. _____ Hund – _____ Schule – _____ Klasse – _____ Stunde

**b Welches Wort passt nicht? Markiere.**

**9** Welcher Artikel passt? Sortiere die Wörter.

| Singular | | | Plural |
|---|---|---|---|
| **der** | **das** | **die** | **die** |
| der Junge | | | |

Schultasche
~~Junge~~
Schulsachen
Computer
Handy
Kind
Woche
Schuhe

**10 a** Schreib den Plural.

1. der Freund
die Freunde _____

2. die Zahl
_____

3. das Mädchen
_____

4. die Woche
_____

5. das Kind
_____

6. der Junge
_____

7. das Handy
_____

8. das Wort
_____

**b** Was ist anders als im Singular? Markiere.

**11** *Ist* oder *sind*? Ergänze.

1. Das _sind_ meine Schuhe.

2. Das _____ mein Hund.

3. Das _____ meine Schultasche.

4. Das _____ meine Bücher.

5. Das _____ mein Buch.

6. Das _____ meine CDs.

## mein, dein

**12** Wie heißt der Artikel? Ergänze die Tabelle.

mein Rucksack – _der_   deine Schuhe – _die (Pl.)_   meine CD – _____

mein Handy – _____   dein Heft – _____   deine Brille – _____

dein Stift – _____   meine Schulsachen – _____

| | **der** | **das** | **die** | **die (Pl.)** |
|---|---|---|---|---|
| mein/e | mein Rucksack | | meine CD | |
| dein/e | | | | deine Schuhe |

**13** *mein* oder *dein*, *meine* oder *deine*? Schreib.

ich: _meine Schuhe, ..._ _____

du: _deine ..._ _____

# Ich komme aus ...

## Ländernamen

**1** Welche Länder haben einen Artikel? Schreib die Namen in die Tabelle.

Japan • ~~Deutschland~~ • Brasilien • ~~Ukraine~~ • Finnland • Kenia • Italien • USA (Pl.) • England
Türkei • Australien • Spanien • Österreich • Schweiz

| kein Artikel | mit Artikel |
| --- | --- |
| Deutschland, ... | **Singular:** *die Ukraine, ...* |
| | **Plural:** *die ...* |

## Woher? – *aus* ... Wo? – *in* ...

**2** Woher kommen die Schüler? Schreib.

*Jeff kommt aus den USA.*
*Serpil kommt ...*

_____

_____

_____

_____

**3** Wo wohnen die Schüler? Ergänze die Sätze.

1. Jeff _wohnt in den_____ USA.
2. Serpil _wohnt ..._____ Türkei.
3. Pietro _____ Italien.

4. Heidi _____ Schweiz.
5. Ivana _____ Ukraine.
6. Ich _____

**4** Wo wohnt ...? Woher kommt ...? Ergänze die Sätze. Die Tabelle hilft.

| | kein Artikel | Singular: *die* | Plural: *die* |
| --- | --- | --- | --- |
| ... kommt | **aus** Deutschland | **aus der** Schweiz | **aus den** USA |
| ... wohnt | **in** Deutschland | **in der** Schweiz | **in den** USA |

1. Jennifer _kommt aus den____ USA. (kommen)
2. Ole _____ Deutschland. (wohnen)
3. Beat _____ Schweiz. (kommen)

4. Beate _wohnt in_____ Österreich. (wohnen)
5. Claudia _____ Italien. (kommen)
6. Gül _____ Türkei. (wohnen)

# Verbformen

**5** **Woher kommen die Sachen? Achte auf den Artikel.**

1. Das Handy _kommt aus_____ Japan.      4. Die Schuhe _____ Türkei.

2. Die Bücher _____ England.      5. Die Uhr _____ Schweiz.

3. Der Hund _____ Deutschland.      6. Die Schüler _____ Kenia.

**6** *haben, kommen, lernen, wohnen*: Ergänze die richtigen Verbformen.

1. Wo wohn_____ du?    2. Ich wohn_____ in Köln.    3. Heidi und Peter wohn_____ in Zürich.

4. Heidi und Peter hab_____ einen Hund.    5. Der Hund heiß_____ Pluto.    6. Ha_____ du auch

einen Hund?    7. Die Freunde komm_____ aus Berlin.    8. Komm_____ du auch aus Berlin?

9. Woher komm_____ Toshiba und Akimi?    10. Wir lern_____ Deutsch.

# W-Fragen

**7** **Ergänze die W-Wörter.**

wer • ~~wie~~ • wie • wie alt • wie • wo • woher • woher

1. _Wie_____ heißt    die Frau?          5. _____ ist    das?

2. _____ wohnt    sie?                6. _____ ist    er?

3. _____ kommt    sie?                7. _____ kommt    er?

4. _____ ist    ihre Adresse?         8. _____ ist    der Name?

**8** **Lies die Antworten. Wie heißt die Frage?**

1. _Wer ist das?_____ – Das ist Hanna.

2. _____ – Sie ist 14 Jahre alt.

3. _____ – Hanna kommt aus Österreich.

4. _____ – Sie wohnt in Wien.

5. _____ – Ihre Freundin heißt Naomi.

# Artikel: *ein/eine* und *kein/keine*

**9** **Welche Zeichnung passt? Ordne zu.**

1. _E__ Das ist ein Rucksack. _____ Der Rucksack ist von Alex.

2. _____ Das ist ein Buch. _____ Das Buch heißt „Momo".

3. _____ Das ist eine Tasche. _____ Die Tasche ist von Pia.

4. _____ Das sind Bücher. _____ Die Bücher heißen „Logisch!".

**10** Ergänze *ein* oder *eine*.

1. der Hund – __ein__ Hund    2. die Flasche – _____ Flasche    3. die Katze – _____ Katze

4. das Fahrrad – _____ Fahrrad    5. das Glas – _____ Glas    6. die Uhr – _____ Uhr

**11** *ein*, *eine* oder kein Artikel? Schreib die Wörter.

1. _ein Ball_____      5. _____

2. _____      6. _____

3. _____      7. _____

4. _____      8. _____

**12** Artikel oder kein Artikel? Ergänze, wo nötig, *ein*, *eine* oder *kein*, *keine*.

1. Das ist _keine_ Brille, das sind _–_ CDs.

2. Das ist _____ Fahrrad, das ist _____ Auto.

3. Das ist _____ Computer, das ist _____ Handy.

4. Das sind _____ Hefte, das sind _____ Bücher.

5. Das ist _____ Pizza, das ist _____ Torte.

6. Das sind _____ Gläser, das ist _____ Flasche.

**13** *Ein*, *eine* und *kein*, *keine* oder *der*, *das*, *die*. Ergänze, wo nötig, das Artikelwort.

1. ○ Ist das _ein_ Radiergummi?

   ● Nein, das ist _____ Radiergummi. Das ist _____ CD. _____ CD heißt „Ich oder Ich".

2. ○ Sind das _----_ Schulsachen?

   ● Nein, das sind _____ Schulsachen. Das sind _____ Schuhe. _____ Schuhe sind von Lisa.

3. ○ Ist das _____ Handy?

   ● Nein, das ist _____ Handy. Das ist _____ Uhr. _____ Uhr kommt aus der Schweiz.

Negation mit *nicht* und *kein/keine* | Modalverb *können* | Verbformen: *wir singen, ihr seid, ihr habt, sie/Sie können*

4

# Wer bist du?

## Negation mit *nicht* und *kein/keine*

**1** **Welche Sätze sind verneint? Unterstreiche.**

Das ist Bart Simpson. Er kommt aus den USA und wohnt in Springfield. Bart ist 10 Jahre alt. Bart mag die Schule nicht gern. Er hat einen Freund. Der heißt Milhouse. Bart spielt nicht Fußball. Er fährt Skateboard und surft.

**2** **Welcher Satz ist richtig? Kreuze an.**

1. ☐ Bart kommt aus Deutschland. ☐ Bart kommt nicht aus Deutschland.
2. ☐ Bart wohnt in Springfield. ☐ Bart wohnt nicht in Springfield.
3. ☐ Bart mag die Schule gern. ☐ Bart mag die Schule nicht gern.
4. ☐ Der Freund von Bart heißt Milhouse. ☐ Der Freund von Bart heißt nicht Milhouse.
5. ☐ Bart spielt Fußball. ☐ Bart spielt nicht Fußball.

**3** **Ich bin nicht Bart Simpson, ich bin Lisa! Ergänze die Sätze.**

> Name: Lisa Simpson
> Alter: 8 Jahre
> spielt Saxophon
> mag die Schule

Ich heiße Lisa Simpson, ich _heiße ..._ Bart.

Ich bin 8, ich _____ 10 Jahre alt.

Ich fahre _____ Skateboard, ich _____ Saxophon.

Ich mag die Schule, aber Bart _____

**4** **a Schreib die Antworten.**

1. Hast du eine Brille? Nein, / ich / keine / habe / Brille / . _Nein, ich habe keine Brille._
2. Arbeitet Bart gern? Nein, / gern / arbeitet / nicht / Bart / . _Nein, Bart ..._
3. Hast du ein Handy? Nein, / habe / kein / Handy / ich / . _____
4. Magst du Bücher? Nein, / keine / Bücher / ich / mag / . _____

**b Schreib die Sätze verneint.**

1. Bist du 32? _Nein, ich bin nicht 32._
2. Ist das ein Fahrrad? _Nein, das ist kein Fahrrad._
3. Singst du gern? _Nein, ich ..._
4. Hast du ein Auto? _Nein, ..._

## Modalverb *können*

**5** Schreib die Sätze in die Tabelle.

> ~~Ich kann schwimmen.~~ • Wo kannst du schwimmen? • Kolja kann im Internet surfen.
> Was kannst du? • Nadja und Jannik können nicht Gitarre spielen.

| Ich | kann | — | schwimmen. |
|---|---|---|---|
| | kannst | du | ? |
| | | du? | |
| Kolja | | im Internet | |
| Nadja und Jannik | | | spielen. |
| **Position 1** | **Position 2** | | **Satzende** |

**6** Welche Form von *können* passt? Ergänze.

1. Ich ___kann___ kochen. 2. _____ du auch kochen? 3. Nadja und Jannik _____

schwimmen. 4. Nadja _____ gut singen. 5. Was _____ du? 6. Ich _____

tanzen. 7. Und Sie, Herr Hübner, _____ Sie auch tanzen?

**7** Wer kann was? Schreib Sätze.

1. Plato / kochen / kann / nicht / .        *Plato kann nicht kochen.* _____

2. Paul / fahren / Skateboard / kann / .    _____

3. Robbie / Musik / machen / kann / .       _____

4. Frau Müller / Motorrad / kann / fahren / ?    *Kann ...* _____

5. Die Schüler / gut / Deutsch / können / ?    _____

**8** Kannst du …? Können Sie …? Schreib Fragen.

1. singen          *Kannst du ...* _____?    *Können Sie ...* _____?

2. kochen          _____?    _____?

3. Fahrrad fahren  _____?    _____?

4. Fußball spielen _____?    _____?

# Verbformen: *wir singen, ihr seid, ihr habt, sie/Sie können*

**9**  **a** Unterstreich die Verben *sein, haben, singen* und *können.*

Du <u>kannst</u> gut tanzen!     Haben Sie mein Buch, Frau Müller?     Ich singe nicht gern.

Kolja und Paul sind Freunde.     Können Sie Gitarre spielen, Herr Hübner?

Nadja hat keinen Hund.     Seid ihr lustig?     Wir singen Lieder.     Könnt ihr im Internet surfen?

**b** Ergänze die Tabelle.

|  | **sein** | **haben** | **singen** | **können** |
|---|---|---|---|---|
| **ich** | bin | habe |  | kann |
| **du** | bist | hast | singst |  |
| **er/es/sie** | ist |  | singt | kann |
| **wir** | sind | haben |  | können |
| **ihr** |  | habt | singt |  |
| **sie** |  | haben | singen | können |
| **Sie** | sind |  | singen |  |

**10**  Ergänze die richtige Verbform.

1. Wo __*ist*__ (sein) das Handy?   2. Spielst du Gitarre oder _____ (singen) du?  3. Was

_____ (können) du gut?  4. _____ (haben) Sie Kinder, Frau Huber?

5. _____ (haben) ihr eine Katze?  6. Wir _____ (können) gut kochen.  7. Wie alt

_____ (sein) ihr?

**11**  Findet der Hund die Katze? Die richtigen Verbformen helfen. Markiere den Weg.

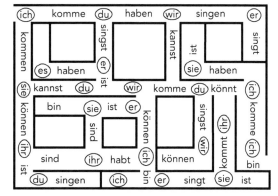

**12**  Die Lehrerin fragt viel. Schreib die Fragen.

1. *Wie alt bist du?* — wie alt / sein     *Wie alt seid ihr?*

2. _____ — wie / heißen     _____

3. _____ — woher / kommen     _____

4. _____ — was / gut / können     _____

# Um sieben Uhr ...

## Verb auf Position 2

**1** **Wer macht das? Schreib die Namen in die Tabelle.**

Alle schlafen.    Kolja geht in die Schule.    Paul isst Spaghetti.    Nadja lernt Deutsch.

| Am Morgen | geht | | in die Schule. |
|---|---|---|---|
| Am Nachmittag | lernt | *Nadja* | Deutsch. |
| Am Abend | isst | | Spaghetti. |
| In der Nacht | schlafen | | |
| | **Position 2** | | |

**2** **Was ist falsch? Schreib die Sätze neu.**

1. Am Morgen ich dusche.    *Am Morgen dusche ich.*
2. Gehe ich dann in die Schule.    *Dann ...*
3. Ich am Mittag gehe nach Hause.    *Ich ...*
4. Am Abend ich fahre Skateboard.    *Am ...*

**3** **Was macht Timo? Schreib Sätze.**

1. um Viertel nach 7 / Timo / duscht / .    *Um Viertel nach 7 duscht Timo.*
2. er / um 8 / in die Schule / geht / .    *Er ...*
3. um halb 3 / Hausaufgaben / er / macht / .    *Um ...*
4. Timo / am Abend / Skateboard / fährt / .    *Am ...*
5. er / um Viertel vor 10 / schlafen / geht / .    *Er ...*

**4** **Wo steht das Verb: Position 1 oder 2? Schreib die Sätze in die passende Tabelle.**

Gehst du zu Nadja? • Nadja hat keine Zeit. • Erzählt in der Klasse! • Machst du heute Sport? • Zuerst kocht Nadja eine Suppe. • Dann übt sie Klavier. • Sprecht in der Klasse! Am Abend lernt Nadja Mathe.

| *Gehst* | *du zu Nadja?* | | | *Nadja* | *hat* | *keine Zeit.* |
|---|---|---|---|---|---|---|
| | | | | | | |
| | | | | | | |
| **Position 1** | | | | **Position 2** | | |

# Trennbare Verben

**5** **a** Findest du die Verben im Text? Unterstreiche.

Es ist Samstag. Pia steht um neun auf. Dann kauft sie
im Supermarkt ein. Sie nimmt Plato mit. Danach ruft
sie Nadja an. Nadja holt Pia am Nachmittag ab.

> abholen
> anrufen
> ~~aufstehen~~
> einkaufen
> mitnehmen

**b** Schreib die Sätze in die Tabelle.

| Pia | steht | um neun | auf. |
|-----|-------|---------|------|
| Dann | | | |
| | | Plato | |
| | **Position 2** | | **Satzende** |

**6** **a** Sind die Verben trennbar oder nicht? Markiere.

(lernen)   spielen   (ein|kaufen)   aufstehen   frühstücken   duschen   abholen   anrufen

**b** Schreib die Verbformen.

1. lernen / ich  _ich lerne_

2. einkaufen / Pia  _Pia kauft ein_

3. abholen / ihr  _____

4. duschen / Timo  _____

5. spielen / du  _____

6. aufstehen / er  _____

7. frühstücken / wir  _____

8. anrufen / wir  _____

**7** **a** Was ist falsch? Unterstreiche die Fehler.

**b** Schreib die Sätze richtig.

1. Timo aufsteht um sieben.  _Timo steht um sieben auf._

2. Dann Timo duscht.  _Dann ..._

3. Timo danach in die Schule geht.  _____

4. Am Nachmittag abholt er Max.  _____

5. Die zwei Freunde schwimmen gehen.  _____

6. Timo am Abend die Oma anruft.  _____

## zuerst, dann, danach

**8** Was passiert wann? Schreib Sätze mit *zuerst, dann* und *danach*.

⏰ / Nadja / Jannik / abholen • ⏰ / Nadja / Hausaufgaben / machen •
⏰ / Nadja / im Supermarkt / einkaufen • ⏰ / Nadja / Oma / anrufen

1. _Zuerst macht Nadja ..._ .  2. _____.

3. _____.  4. _____.

# W-Fragen und Ja-/Nein-Fragen

**9** Lies die Fragen und den Text. Welche Frage passt?

Wann steht sie auf? • Was ist Frau Ramos? • Was macht sie dann? • Wie alt ist sie?
Wo kauft sie ein? • ~~Wo wohnt Frau Ramos?~~

Frau Ramos wohnt in Toledo in Spanien.
Sie ist 32 Jahre alt und hat eine Tochter. Am
Morgen steht Frau Ramos um Viertel vor sieben
auf. Dann duscht und frühstückt sie. Um Viertel
vor acht fährt sie in die Schule. Frau Ramos ist
Deutschlehrerin.
Am Nachmittag kauft sie im Supermarkt ein.

1. _Wo wohnt Frau Ramos?_

2. _____

3. _____

4. _____

5. _____

6. _____

**10** Dein Mitschüler ist neu. Mach ein Interview. Schreib W-Fragen.

1. wie / heißen / du / ?  _Wie heißt du?_

2. kommen / du / woher / ?  _____

3. du / wohnen / wo / ?  _____

4. wie / deine Adresse / sein / ?  _____

5. machen / am Abend / was / du / ?  _____

**11** Lies zuerst die Antwort rechts. Wie heißt die Frage?

1. in die Schule / gehen / du  ○ _Wann gehst du in die Schule?_  ● Um halb neun.

2. einkaufen / heute / du  ○ _Kaufst ..._  ● Nein, heute nicht.

3. am Abend / du / machen  ○ _____  ● Ich spiele Karten.

4. in die Schule / gehen  ○ _____  ● Nadja und Pia.

5. du / Fußball / heute / spielen  ○ _____  ● Ja, am Abend.

# Mein Lieblingsfach ist ...

## Verb *haben*

**1** **a** Markiere *haben* in den Sätzen im Kasten.

**b** Schreib die Formen von *haben* in die Tabelle.

Hast du morgen frei?

Wann haben wir Sport?

Habt ihr am Montag Deutsch?

Wann hat die Klasse 7a Englisch?

Wann haben Sie Zeit, Frau Müller?

Ich habe nicht gern Sport.

Svenja und Olli haben um 8 Uhr Mathe.

|  |  | **haben** |
|---|---|---|
| *Singular* | ich |  |
|  | du | *hast* |
|  | er/es/sie |  |
| *Plural* | wir |  |
|  | ihr |  |
|  | sie |  |
|  | Sie |  |

**2** Ergänze die Formen von *haben*.

1. Was ___*hast*___ du am Montag?   2. Frau Bauer _____ am Montag frei.
3. Laura und Jana _____ am Nachmittag Video-AG.   4. Ich _____ Geografie und
Informatik gern.   5. Wir _____ am Montag um 8 Uhr Mathe.   6. _____ ihr am Montag
auch Mathe?   7. Plato _____ am Vormittag immer frei.

## *sein* + Adjektiv

**3** Welches Adjektiv zeigt der Würfel? Würfle und schreib Sätze mit *sein*.

| | | | |
|---|---|---|---|
| ⚀ cool | ⚅ Ich | *bin* | *doof.* |
| ⚁ wichtig | Du | | |
| ⚂ schön | Mein Freund | | |
| ⚃ nett | Meine Freundin | | |
| ⚄ super | Wir | | |
| ⚅ doof | Ihr | | |
| | Meine Freunde | | |

## *sein* oder *haben*

**4** **Was passt: *sein* oder *haben*?**

1. Pia _hat_ einen Hund, Plato.   2. Sie _____ keine Katze.   3. Nadja _____ die Freundin
von Pia.   4. Nadja und Pia _____ am Vormittag nicht frei.   5. Sie _____ Schülerinnen.
6. Frau Müller _____ ihre Deutschlehrerin.

## Verben mit Vokalwechsel: *fahren, laufen ...*

**5** **Welche Formen gehören zusammen? Notiere die Wortpaare.**

~~fahren~~   essen   lesen   sehen   laufen   vergessen

du isst   du vergisst   ~~du fährst~~   du läufst   du siehst   du liest

_fahren, du fährst_ _____   _____   _____

_____   _____   _____

**6** **Welche Form ist falsch? Streich durch.**

1. fahren – du fährst – er ~~fahrt~~ – wir fahren
2. essen – ich esse – du isst – er esst
3. laufen – du laufst – er läuft – ich laufe
4. lesen – du liest – ihr liest – wir lesen
5. schlafen – er schläft – du schläfst – wir schläfen
6. treffen – ich treffe – du treffst – er trifft

**7** **Was macht Nora? Ergänze die Verben in der richtigen Form.**

1. Es ist Samstag. Nora _schläft_ (schlafen) lange.   2. Sie _____ (fahren) nicht in die
Schule.   3. Am Vormittag _____ (sehen) sie einen Film.   4. Sie _____ (lesen) auch ihre
Mails.   5. Dann _____ (essen) Nora eine Pizza.   6. Nora _____ (treffen) am Nachmittag
ihre Freundin Julia.   7. Julia hat einen Hund. Der Hund _____ (laufen) sehr schnell.

**8** **Vokalwechsel oder nicht? Ergänze das Verb.**

1. sehen   Nora und Julia _sehen_ gern Filme. _____ du auch gern Filme?
2. fahren   Timo _____ mit dem Fahrrad. Ich _____ nicht mit dem Fahrrad.
3. lesen   In der Schule _____ wir viele Bücher. Ich _____ nicht gern.
4. vergessen   Immer _____ ich mein Heft! Und du, _____ du auch oft dein Heft?
5. laufen   Plato _____ gern und schnell. Und du, _____ du auch gern?
6. essen   Nora _____ gern Pizza. Und was _____ ihr gern?

# mein, dein, unser, euer

**9 a  Zu welcher Zeichnung passen die Sätze? Ordne zu.**

Macht <u>eure</u> Hausaufgaben!   <s>Mein Name ist Alex.</s>   Wo ist <u>dein</u> Buch, Lisa?   <s>Unsere Lehrerin ist nett.</s>   Ich treffe <u>meine</u> Freunde.   Ist das <u>deine</u> Freundin?   <u>Unsere</u> Noten sind sehr gut!   Wie heißt <u>euer</u> Lehrer?

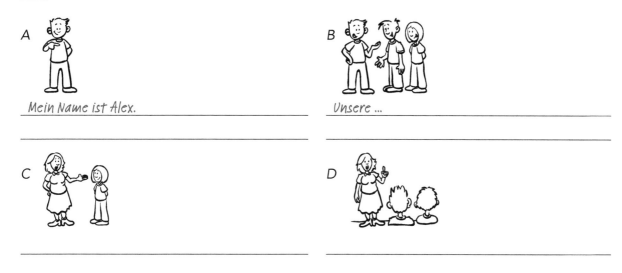

A

*Mein Name ist Alex.*
_____

B

*Unsere ...*
_____

C

_____
_____

D

_____
_____

**b  Ergänze *mein, dein, unser, euer* in der Tabelle.**

|      | der          | das             | die             | die (Pl.)             |
|------|--------------|-----------------|-----------------|-----------------------|
| ich  | _____ | mein Buch       | meine Lehrerin  | _____ |
| du   | dein Name    | *dein Buch*     | _____   | deine Hausaufgaben    |
| wir  | unser Name   | unser Buch      | _____   | _____ |
| ihr  | _____ | euer Buch       | eure Lehrerin   | _____ |

**10  Unsere Schule – eure Schule. Ergänze. Die Tabelle hilft.**

1. *Unsere* _____ Schule ist nicht groß. Wie groß ist *eu...* _____ Schule?
2. _____ Deutschlehrer ist sehr nett. Ist _____ Deutschlehrer auch nett?
3. _____ Klassenzimmer ist nicht schön. Ist _____ Klassenzimmer schön?
4. _____ Bücher sind gut. Sind _____ Bücher auch gut?

**11  Schreib Sätze.**

1. dein ... / Tasche / neu / sein    *Deine Tasche ist neu.* _____
2. euer ... / Bücher / interessant / sein    _____
3. unser ... / Sportlehrer / nett / sein    _____
4. mein ... / Handy / alt / sein    _____

# Kommst du mit?

## Verbformen: *wir machen, ihr macht*

**1**   **a**   **Lies die Sätze und markiere die Verben.**

     **b**   **Zu welchem Bild passen die Sätze? Notiere die Nummern.**

1. Ich spiele heute Volleyball.   2. Wir gehen am Abend ins Kino. Kommt ihr mit?   3. Was machst du am Nachmittag?   4. Ich koche Spaghetti.   5. Was macht ihr heute Abend?   6. Wir lernen zusammen Mathe, und ihr?   7. Gehst du heute zu Nadja?

A       B

A: _1,_____      B: _____

**2**   **So viele Fragen. Schreib die richtige Verbform.**

1. Was __*macht*____ (machen) ihr am Nachmittag?   2. Was _____ (essen) ihr gern?   3. Wo _____ (treffen) ihr eure Freunde?   4. Wann _____ (haben) ihr Sport?   5. Wie _____ (finden) ihr Geografie?   6. Wie alt _____ (sein) ihr?   7. Wo _____ (wohnen) ihr?   8. Wann _____ (fahren) ihr nach Hause?

**3**   **Ergänze das Verb.**

1. __*Hast*____ (haben) du am Montag Zeit? – Nein, da _____ (spielen) ich Gitarre.

2. _____ (kommen) du am Dienstag? – Nein, da _____ (üben) ich Klavier.

3. Was _____ (machen) du am Mittwoch? – Da _____ (haben) ich Zeit. Und du?

**4**   **Schreib Sätze.**

am Montag / Fußball / wir / spielen / .

Peter und Tim / am Dienstag / kommen / .

am Mittwoch / ich / schwimmen / .

wir / am Donnerstag / tanzen / .

am Freitag / ich / frei / haben / .

> *Am Montag spielen wir Fußball.*
>
> *Am Dienstag ...*          *Peter und Tim.*
>
> *Am Mittwoch ...*
>
> _____
>
> _____

# Modalverben: *wollen, müssen*

**5** Zu welchem Bild passen die Sätze? Ordne zu.

____ Jannik kann Rad fahren.        ____ Jannik will Rad fahren.        ____ Jannik muss Rad fahren.

A          B          C

**6** Schreib die Sätze in die Tabelle.

~~Ich kann schwimmen.~~ • Paul will ins Kino gehen. • Jannik will am Abend fernsehen.
• Nadja muss Jannik abholen. • Nadja und Pia müssen Hausaufgaben machen.

| | | | |
|---|---|---|---|
| Ich | kann | | schwimmen. |
| Paul | | | |
| | | Jannik | |
| | müssen | | |
| **Position 1** | **Position 2** | | **Satzende** |

**7** **a** *wollen* oder *müssen*? Welches Modalverb passt?

1. Kolja und Robbie _wollen_ lange schlafen, aber sie _____ aufstehen.
2. Ich _____ Klavier üben. Das ist doof!
3. Jannik _____ Fahrrad fahren, aber er _____ schlafen gehen.
4. Wir _____ Robbie treffen und zusammen ins Kino gehen.
5. Ich gehe schwimmen. _____ du auch schwimmen gehen?
6. Kommt ihr mit ins Kino? Oder _____ ihr in die Disco gehen?

> muss  muss
> will  willst
> wollen
> ~~wollen~~  wollt
> müssen

**b** Schreib die Formen von *wollen* und *müssen* aus 7a in die Tabelle.

| Singular | **können** | **müssen** | **wollen** | Plural | **können** | **müssen** | **wollen** |
|---|---|---|---|---|---|---|---|
| ich | kann | | will | wir | können | müssen | |
| du | kannst | musst | | ihr | könnt | müsst | |
| er/sie | kann | | | sie | können | | wollen |

**8** **können, müssen, wollen. Schreib Sätze.**

1. Paul / am Morgen / aufstehen / müssen / .   _Paul muss am Morgen aufstehen._
2. Kolja / gut / Skateboard / fahren / können / .   _Kolja ..._
3. Robbie / Musik / machen / wollen / .   _____
4. Frau Müller / am Abend / arbeiten / müssen / .   _____
5. Die Schüler / lange / schlafen / wollen / .   _____

## du-Imperativ

**9** **Was gehört zusammen?**

1. _E_ Lern heute Mathe!
2. ____ Ruf Oma an!
3. ____ Steh auf, es ist spät!
4. ____ Räum dein Zimmer auf!
5. ____ Komm bitte sofort!

A Es ist 7 Uhr, du musst aufstehen.
B Du musst dein Zimmer aufräumen.
C Oma hat Geburtstag. Anrufen!!!
D Hörst du mich? Du musst kommen.
E Nicht vergessen: Heute Mathe lernen!

**10** **a Vergleiche die Formen. Was ist gleich? Markiere.**

1. Kommst du?   2. Räumst du auf?   3. Rufst du Oma an?   4. Liest du das Buch?
   Komm!          Räum    auf!          Ruf    Oma an!          Lies    das Buch!

**b Schreib die Imperativ-Sätze von 10a in die Tabelle.**

| Position 1 | | Satzende |
|---|---|---|
| Komm! | — | — |
| Räum | | auf! |
| | Oma | |
| | | — |

**11** **Schreib Aufforderungen mit du-Imperativ.**

1. Mathe lernen! _Lern Mathe!_
2. Aufräumen! _____
3. Mitkommen! _____
4. Das Essen machen! _____
5. Ans Telefon gehen! _____
6. Schlafen gehen! _____

**12** **Schreib Aufforderungen mit bitte.**

1. aufstehen   _Bitte steh auf!_
2. anrufen   _____
3. losfahren   _____
4. mitkommen   _____
5. das Buch / lesen   _____
6. Pia / abholen   _____

# Ich spreche Deutsch

## deshalb

**1** **a Was passt zusammen? Ordne zu.**

1. Lukas mag Frankreich und …

2. Nora macht gern Musik und …

3. Julia schläft gern lang und …

4. Alex surft gern im Internet und …

A … steht am Wochenende spät auf.

B … möchte einen Computer.

C … lernt Französisch.

D … spielt Gitarre.

**b Schreibe die Sätze mit *deshalb* in die Tabelle. Achte auf . oder ,.**

| | Position 1 | Position 2 |
|---|---|---|
| 1. Lukas mag Frankreich. | Deshalb | lernt | er Französisch. |
| 2. Nora macht gern Musik. | | | sie … |
| 3. Julia schläft gern lang, | deshalb | | |
| 4. Alex surft gern im Internet, | | | |

**2** **Welcher Satz mit *deshalb* passt? Kreuze an.**

1. Alex spielt gern Volleyball.

☒ Deshalb trainiert er oft.
☐ Deshalb macht es keinen Spaß.

2. Nora spielt Gitarre in einer Band,

☐ deshalb kann sie gut schwimmen.
☐ deshalb übt sie jeden Tag.

3. Das Hobby von Julia ist Lesen,

☐ deshalb schläft sie gern lang.
☐ deshalb kennt sie viele Bücher.

4. Alex arbeitet im Schulcafé.

☐ Deshalb isst er gern Schokoladenkuchen.
☐ Deshalb kann er Tee und Kakao machen.

**3** **Lies den Steckbrief. Was macht Vanessa? Schreib Sätze mit *deshalb*.**

Vanessa
Ich mache keinen Sport. Ich finde Sport doof. Aber Musik ist super. Ich spiele Saxophon und ich singe in einer Band. Ich habe keine Geschwister. Ich besuche oft meine Freundin Ina. Wir hören Musik und lachen. Wir haben Spaß. Ich bin gern bei Ina.

1. Vanessa findet Sport doof. *Deshalb macht sie keinen Sport.*

2. Musik findet Vanessa super. _____

3. Vanessa hat keine Geschwister. _____

4. Ina und Vanessa haben viel Spaß. _____

## Pronomen: *man*

**4** Was kann man da machen? Welche Sätze sind richtig? Kreuze an.

1. [a] Im Schulcafe kann man spazieren gehen.
   [b]✗ Im Schulcafé kann man Kuchen essen.
2. [a] Im Kino kann man Filme sehen.
   [b] Im Kino kann man Sport machen.
3. [a] Im Schwimmbad kann man schwimmen.
   [b] Im Schwimmbad kann man wandern.
4. [a] In der Schule kann man schlafen.
   [b] In der Schule kann man Auto fahren.

**5** Lies die Fragen. Welche Verbform ist falsch? Streich durch.

1. Was   a) kann   b) ~~können~~   man in den Ferien machen?
2. Wie   a) sprechen   b) spricht   man in Japan?
3. Wie   a) kommst   b) kommt   man von München nach Iphofen?
4. Wann   a) muss   b) musst   man die Prüfung machen?
5. Wo   a) kauft   b) kaufe   man ein?

**6** Schreib Sätze mit *man*.

1. Du musst zu Fuß gehen.   *Man muss zu Fuß gehen.*
2. Du kannst mit dem Fahrrad fahren.   _____
3. Ihr könnt den Bus nehmen.   _____
4. Sie können mit der U-Bahn fahren.   _____

## Präpositionen: *mit, ohne*

**7** Was ist richtig: *mit* oder *ohne*? Kreuz an.

So lebt Alex:   [ ] mit [X] ohne Hund,   [ ] mit [ ] ohne Fahrrad   [ ] mit [ ] ohne Auto.

So lebt Nilgün:   [ ] mit [ ] ohne Computer,   [ ] mit [ ] ohne Katze,   [ ] mit [ ] ohne Handy.

**8** Ergänze *mit* oder *ohne*.

1. Max fährt nie _mit_ dem Bus in die Schule, er fährt immer _____ dem Fahrrad.
2. Der Computer ist kaputt, und _____ Computer kann ich keine E-Mail schreiben.
3. Ina braucht _____ dem Fahrrad 10 Minuten in die Schule, und _____ dem Auto auch.
4. Ich kann dich nicht anrufen _____ Handy.
5. Frau Huber lebt _____ Auto. Sie fährt _____ dem Bus oder sie geht zu Fuß.

## sein, ihr

**9** **a** Ergänze die Informationen aus den Steckbriefen.

| Name: | Paul |
|---|---|
| Hobby: | Skateboard fahren |
| Adresse: | Kunzestr. 1 |
| Freunde: | Kolja, Pia und Anton |

| Name: | Nadja |
|---|---|
| Hobby: | Klavier spielen |
| Adresse: | Schmidtgasse 1 |
| Freunde: | Robbie, Pia und Paul |

1. Sein Name ist _Paul_. 2. Seine Freunde heißen _____. 3. Seine

Adresse ist _____. 4. Sein Hobby ist _____.

5. Ihr Name ist _____. 6. Ihr Hobby ist _____. 7. Ihre Adresse

ist _____. 8. Ihre Freunde heißen _____.

**b** Suche *sein, seine* und *ihr, ihre* in den Sätzen von 9a. Schreib in die Tabelle.

| | der | das | die | die (Pl.) |
|---|---|---|---|---|
| Paul / er | sein Name | | | |
| Nadja / sie | ihr Name | | | |

**10** Ergänze *sein, seine* und *ihr, ihre*.

*Das gehört zu Nadja:*

die Gitarre – _ihre_ Gitarre

das Handy – _____ Handy

der Bruder – _____ Bruder

die Schuhe – _____ Schuhe

*Das gehört zu Paul:*

das Fahrrad – _____ Fahrrad

die Schokolade – _____ Schokolade

der Rucksack – _____ Rucksack

die Freunde – _____ Freunde

**11** Was ist das? Schreib Sätze mit *sein* und *ihr*.

1. Frau Müller hat eine Brille.  _Das ist ihre Brille._____

2. Herr Hübner hat ein Auto.  _____

3. Paul hat einen Rucksack.  _____

4. Nadja hat einen Bruder.  _____

5. Herr Bauer hat eine Katze.  _____

6. Frau Schmidt hat eine Gitarre.  _____

# Meine Freunde und ich

## Verben mit Akkusativ

**1** **a** Ergänze die Verben in der passenden Form.

> besuchen • essen • ~~haben~~ • kaufen • reparieren

1. Pia _hat_ einen Hund, Plato.   2. Ich _____ einen Freund.   3. Die Lehrerin

_____ Bücher und Hefte.   4. Tom und Peter _____ das Fahrrad.   5. Nadja und

Pia _____ einen Kuchen.

**b** Wer macht was? Schreib die Sätze aus 1a in die Tabelle.

| Wer? Nominativ | Position 2 – Verb | Was? Akkusativ |
|---|---|---|
| *Pia* | *hat* | einen Hund, Plato. |
| Ich | | |
| | | Bücher und Hefte. |
| Tom und Peter | | |
| | | einen Kuchen |

## Artikel *der*, *das*, *die* im Akkusativ

**2** **a** Was gehört zusammen? Verbinde.

1. _C_ Siehst du den Baum?
2. ____ Siehst du das Baby?
3. ____ Siehst du die Frau?
4. ____ Siehst du die Leute?

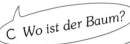

A *Wo ist das Baby?*

B *Wo sind die Leute?*

C Wo ist der Baum?

D *Wo ist die Frau?*

**b** Markiere die Artikel in den Sätzen in 2a.

**c** Ergänze die Artikel in der Tabelle.

| | Wo ist / Wo sind … | Siehst du … |
|---|---|---|
| **der** | _der_ Baum? | _____ Baum? |
| **das** | _____ Baby? | _____ Baby? |
| **die** | _____ Frau? | _____ Frau? |
| **die** | _____ Leute? | _____ Leute? |
| | Nominativ | Akkusativ |

**3** *den, das, die?* Ergänze den Artikel.

1. Tom sucht __die__ Fußballschuhe.   2. Susi ruft _____ Oma an. 3. Timo sieht _____ Film „Titanic" an.   4. Linda findet _____ Mathelehrerin nett.   5. Eva liest _____ Bücher von Lemony Snicket.   6. Simon liebt _____ Songs von Pink.   7. Christoph repariert _____ Computer.   8. Tom und Simon machen _____ Hausaufgaben.   9. Die Katze isst _____ Kuchen von Mara.

**4** Nominativ oder Akkusativ? Ergänze die Artikel.

1. ● Siehst du __den__ Hund im Hof?   ○ Wo ist _____ Hund?
2. ● Kennst du _____ Buch „Momo"?   ○ Wie bitte? Wie heißt _____ Buch?
3. ● Wo ist _____ Ball?   ○ Suchst du _____ Fußball?
4. ● Ich finde _____ Musik langweilig.   ○ Das stimmt. _____ Musik ist nicht gut.
5. ● Ich suche _____ Brille. Wo ist sie?   ○ Oma, da ist _____ Brille.

**5** **a** Wer tut das? Markiere den Nominativ.

**b** Schreib Sätze.

1. die Schüler / die Hausaufgaben / machen — *Die Schüler machen die Hausaufgaben.*
2. das Lied / die Band / singen — _____
3. die Musik / der Freund / blöd finden — _____
4. die Oma / der Computer / toll finden — _____
5. der Hamburger / die Freundin / essen — _____

# gern, lieber

**6** *gern = ☺, lieber = ☺☺, nicht gern = ☹?* Ergänze.

1. Eva chattet __gern__ (☺), Lisa schreibt _____ (☺☺) SMS.
2. Tom hört _____ (☺) Musik. Er spielt auch _____ (☺) Gitarre.
3. Mara sieht _____ (☺) die „Harry Potter"-Filme, aber die Bücher liest sie _____ (☺☺).
4. Nadja kocht _____ (☺), Pia kocht _____ (☹).
5. Eva fährt _____ (☺) Fahrrad, sie geht _____ (☹) spazieren.

**7** Schreib Sätze mit *gern* und *lieber*.

1. ich – ☺ – Musik hören. — *Ich höre gern Musik.*
2. Maria – ☺☺ – Musik machen. — _____
3. Max – ☺ – Pizza essen. — _____
4. Eva – ☺☺ – Hamburger essen. — _____

# Sätze mit *und* und *aber*

**8** **a** Ergänze die Tabelle.

| Das möchtest du: | | | | So ist es: | | |
|---|---|---|---|---|---|---|
| Ich | möchte | viele Freunde haben. | | 1. Ich | habe | viele Freunde. |
| | | | | 2. Ich | habe | keine Freunde. |
| 1. Ich | möchte | viele Freunde haben | **und** ich | habe | *viele ...* |
| 2. Ich | möchte | viele Freunde haben, | **aber** ich | _____ | _____ |
| | **Position 2** | | | | **Position 2** | |

**b** Was passt: *und* oder *aber*? Kreuze an.

1. Laura möchte gern Rad fahren, ☐a und ☒b aber ihr Fahrrad ist kaputt.
2. Florian möchte gern Spaghetti essen, ☐a und ☐b aber er kocht nicht gern.
3. Jana möchte viele Filme ansehen ☐a und ☐b aber sie geht oft ins Kino.
4. Pia macht gern Sport, ☐a und ☐b aber heute muss sie lernen.
5. Daniel spielt gern Fußball ☐a und ☐b aber er ist oft auf dem Sportplatz.

**9** Ergänze die Sätze mit *aber*.

1. aber / haben / Nadja / Zeit / nie

   Pia mag Nadja sehr gern, *aber Nadja hat nie Zeit.* _____

2. aber / ein paar Lehrer / doof / sein

   Viele Lehrer sind nett und interessant, _____

3. aber / nicht schön / sein / sie

   Unsere Schule ist neu, _____

4. aber / sie / nicht gern / singen

   Julia spielt sehr gern Klavier, _____

5. aber / der Computer / kaputt / sein

   Alex surft gern im Internet, _____

*ein/eine* und *kein/keine* im Akkusativ | Artikel oder kein Artikel? | Verben mit Akkusativ (II) | trennbare Verben (II)

**10**

# Meine Familie und ich

## Artikelwörter *ein/eine* und *kein/keine* im Akkusativ

**1** **a** Markiere die Formen *ein, eine* und *kein, keine*.

1. Lisa möchte eine Torte. • 2. Lisa möchte Karten für ein Konzert. • 3. Sie bekommt keinen Hund. •

4. Sie bekommt keine Torte. • 5. Lisa möchte einen Hund. • 6. Lisa möchte ein Fahrrad. • 7. Sie bekommt keine Karten. • 8. Sie bekommt kein Spiel.

**b** Schreib die Formen *ein, eine* und *kein, keine* in die Tabelle.

|       | Siehst du ...  | Lisa möchte ...   | Lisa bekommt ... |
|-------|----------------|-------------------|------------------|
| **der** | **den** Hund?  | _einen_ Hund.     | _____ Hund. |
| **das** | **das** Fahrrad? | _____ Fahrrad. | _kein_ Fahrrad. |
| **die** | **die** Torte? | _____ Torte. | _____ Torte. |
| **die** | **die** Karten? | — Karten.         | _____ Karten. |

**2** Was bekommt Lisa? Was bekommt sie nicht? Ergänze die Sätze.

Lisa bekommt _eine_ Tasche,

_____ Buch,

_____ Karten für das Kino,

_____ Kuchen,

_____ Katze

und _____ CDs.

Lisa bekommt _kein_ Handy,

_____ Hund,

_____ Fotoapparat,

_____ Uhr,

_____ Gitarre

und _____ Bälle.

**3** Schreib Sätz mit *aber*.

1. ~~das Skateboard~~    Timo hat ein Fahrrad, _aber er hat kein Skateboard._

2. ~~der Hund~~    Lena hat eine Katze, _aber sie hat ..._ _____

3. ~~der Kaffee~~    Eva mag gern Tee, _____

4. ~~die Pizza~~    Max isst gern Hamburger, _____

5. ~~Computerspiele~~    Ben spielt gern Spiele, _____

6. ~~Katzen~~    Vera mag Haustiere, _____

# 10

## Artikel oder kein Artikel?

**4** **a Welcher Artikel ist richtig? Kreuze an.**

1. Pia hat ☐ den ☒ einen Hund. 2. ☐ Der ☐ Ein Hund von Pia heißt Plato.

3. Helen hat ☐ die ☐ eine Katze. 4. Siehst du ☐ die ☐ eine Katze von Helen dort im Fenster?

5. Nora bekommt ☐ den ☐ einen Hamster zum Geburtstag. 6. Das ist ☐ der ☐ ein Hamster für Nora.

7. Eva sieht ☐ das ☐ ein Pferd. 8. ☐ Ein ☐ Das Pferd frisst Gras.

**b Welcher Artikel passt? Ergänze, wenn nötig.**

1. Das ist _ein_ Fisch. Das ist _kein_ Pferd. _Der_ Fisch kann schnell schwimmen. Peer hat _–_ Fische. Er findet _____ Fische toll.

2. Das ist _____ Hund. Das ist _____ Papagei. _____ Hund kann bellen. Pia mag _____ Hunde gern. _____ Hund von Pia heißt Plato.

3. Das ist _____ Fisch. Das ist _____ Pferd. Eva liebt _____ Pferde. Ihre Freundin Ina hat _____ Pferd. _____ Pferd von Ina heißt „Toli".

4. Das ist _____ Katze. Das ist _____ Hamster. _____ Katze heißt „Mika". _____ Katzen sagen nicht „wau, wau", sie sagen „miau".

**5** **Schreib Sätze.**

1. Pia / ein Hund / haben      _Pia hat einen Hund._____

2. der Hund / Plato / heißen   _____

3. Hunde / lang laufen / können _____

4. Hunde / gern / schlafen     _____

5. Ina / möchte / ein Hund     _____

6. Ina / kein Hund / bekommen  _____

**6** **a Lies die Sätze und markiere Verb und Akkusativ.**

1. Michael (hat) Geburtstag. 2. Die Mutter macht einen Kuchen. 3. Er bekommt Geschenke.

4. Michael macht Sport. 5. Er spielt Fußball. 6. Er bekommt einen Fußball.

**b Wo steht ein Artikel, wo nicht? Unterstreiche die Artikel.**

**c Artikel oder kein Artikel? Ergänze.**

1. Stefan besucht _–_ Freunde. 2. Sie spielen _____ Volleyball. 3. Anton macht _____ Musik. 4. Er hat _____ Gitarre. 5. Elena hat _____ Geburtstag. 6. Sie bekommt _____ CD.

# Verben mit Akkusativ

**7** **a** Lies die Sätze und markiere die Verben.

1. Pia hat einen Hund.   2. Der Hund schläft.   3. Herr Maier kauft einen Computer.   4. Der Papagei fliegt.   5. Die Schule ist doof.   6. Lisa bekommt ein Geschenk.   7. Die Lehrerin telefoniert. 8. Tobias trinkt keinen Kaffee.   9. Fische schwimmen schnell.   10. Tim isst eine Pizza.

**b** Welche Verben aus 6a haben einen Akkusativ? Ordne zu.

| Pia | hat | einen Hund. | Der Hund | schläft. |
|---|---|---|---|---|
| *Nominativ* ══ ⟨Verb⟩ ── *Akkusativ* | | | *Nominativ* ══ ⟨Verb⟩ | |

*haben,* _____      *schlafen,* _____

_____      _____

**8** Schreib Sätze.

1. ein Geschenk / die Freunde von Elena / kaufen    *Die Freunde von Elena kaufen ein Geschenk.*
2. Kaffee / die Freunde / trinken    _____
3. Nora / einen Hund / bekommen    _____
4. lang / schlafen / der Hund von Nora    _____
5. fliegen / können / Papageien    _____
6. keinen Salat / fressen / eine Katze    _____

# Trennbare Verben

**9** **a** Lies die Verben halblaut. Wo ist der Akzent? Unterstreiche.

<u>auf</u>stehen • einladen • anrufen • abholen • einkaufen

**b** Schreib die passende Verbform.

1. Morgen ist Schule. Ich _*stehe*_ um 7 Uhr _*auf*_.
2. Frau Müller _____ am Nachmittag im Supermarkt _____.
3. Paulina ist allein. Sie _____ ihre Freundin mit dem Handy _____.
4. Michael macht eine Party. Er _____ seine Freunde _____.
5. Ich habe heute Zeit. Ich _____ dich um 13 Uhr _____.

# In der Stadt

## Verbformen: *mögen*

**1** **a Wer mag das? Ergänze die Sätze.**

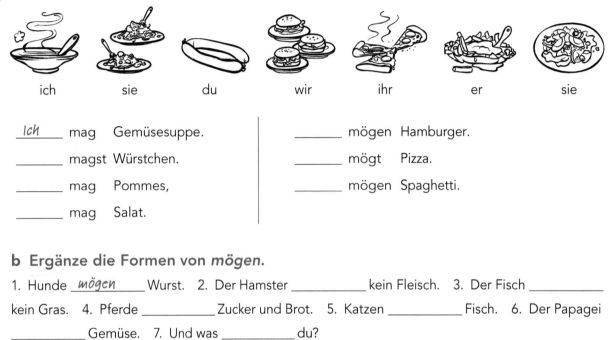

| ich | sie | du | wir | ihr | er | sie |

_Ich___ mag   Gemüsesuppe.

_____ magst Würstchen.

_____ mag   Pommes,

_____ mag   Salat.

_____ mögen  Hamburger.

_____ mögt   Pizza.

_____ mögen  Spaghetti.

**b Ergänze die Formen von *mögen*.**

1. Hunde _mögen___ Wurst.   2. Der Hamster _____ kein Fleisch.   3. Der Fisch _____ kein Gras.   4. Pferde _____ Zucker und Brot.   5. Katzen _____ Fisch.   6. Der Papagei _____ Gemüse.   7. Und was _____ du?

## Verbformen: *brauchen*

**2** **Schreib Sätze mit *haben* und *brauchen*. Achte auf den Artikel.**

| Das ist da: | Das ist nicht da: | |
|---|---|---|
| 1. Butter | 1kg Zucker | Eva _hat___ Butter, aber sie _braucht ein Kilo___ Zucker. |
| 2. Äpfel | 1 Ei | Ich _habe___ Äpfel, aber ich _____ Ei. |
| 3. Orangensaft | 1 Flasche Apfelsaft | Pedro _____ Orangensaft, aber er _____ Apfelsaft. |
| 4. 1 Liter Milch | 100 g Schokolade | Wir _____ Milch, aber wir _____ Schokolade. |
| 5. Bananen | 1 Kilo Mehl | Mara und Marko _____ Bananen, aber sie _____ Mehl. |

# Verben mit Akkusativ

**3** Welche Form ist richtig? Kreuze an.

1. Robbie ☒ isst ☐ esse   einen Hamburger.
2. Nadja ☐ nehmen ☐ nimmt   eine Pizza.
3. Pia ☐ findest ☐ findet   Plato süß.
4. Plato ☐ seht ☐ sieht   einen Knochen.
5. Pia und Nadja ☐ kocht ☐ kochen   Spaghetti.
6. Pia ☐ gibt ☐ gebt   Nadja die Hausaufgaben.
7. Frau Müller ☐ liest ☐ lest   ein Buch.

**4** Ergänze das passende Verb.

1. Nadja und Pia _machen_ einen Kuchen.
2. Robbie _____ gern Schokoladenkuchen.
3. Nadja _____ Schokolade für den Kuchen.
4. Nadja und Pia _____ Schokolade und Eier.
5. Der Kuchen schmeckt super. Pia und Nadja _____ Tee mit Robbie.

> machen
> trinken
> essen
> brauchen
> kaufen

# *möchten*

**5** Schreib die Formen von *möchten* in die Tabelle.

*Ich möchte Gemüsesuppe.*

*Er möchte Pommes, sie möchte Salat.*

*Du möchtest Würstchen.*

*Wir möchten Hamburger.*

*Ihr möchtet Pizza.*

*Und Sie? Was möchten Sie?*

*Sie möchten Spaghetti.*

| ich | _möchte_ | wir | _____ |
| --- | --- | --- | --- |
| du | _____ | ihr | _____ |
| er/sie | _____ | sie | _____ |
| | | Sie | _____ |

**6** Ergänze die passende Form von *möchten*.

1. Tanja _möchte_ eine Torte.   2. Die Schüler _____ Ferien.   3. Wir _____ einen Hund.   4. Ich _____ ein Fahrrad.   5. Lukas _____ einen Hamburger.   6. Und was _____ du?   7. Max und Alex, _____ ihr Karten für ein Konzert?   8. Und Sie, Frau Müller, was _____ Sie?

## Präposition *für* + Akkusativ

**7** Für wen sind die Geschenke? Such und schreib.

( die Geschwister )   ( der Onkel )   ( die Oma )   ( der Bruder )   ( die Schwester )   ( die Tante )

( der Großvater )   ( die Eltern )

| die Schuhe | | die Schokolade |

| die Karten |   | die DVD |   | das Buch |   | die Bälle |   | das Wörterbuch |   | das Fahrrad |

1. Die Bälle sind *für den Bruder.* _____
2. Das Fahrrad ist _____
3. Die DVD ist _____
4. Das Wörterbuch ist _____

5. Die Schokolade ist _____
6. Das Buch ist _____
7. Die Karten sind _____
8. Die Schuhe sind _____

## Fragen und Antworten

**8** Was passt zusammen? Ordne zu.

1. _D_ Wer hat heute Geburtstag?
2. ____ Wann feiert ihr die Party für Anne?
3. ____ Singt ihr ein Lied für Anne?
4. ____ Was möchte Anne nicht bekommen?
5. ____ Wer kommt zur Party von Anne?
6. ____ Bekommt Anne auch einen Kuchen?

A  Na klar! „Zum Geburtstag viel Glück, …"
B  Ja! Sie mag gern Schokoladenkuchen.
C  Ihre Freundinnen und Freunde kommen.
D  Meine Schwester Anne. Sie ist jetzt 13.
E  Sie will keinen Fisch.
F  Am Freitag, am Nachmittag.

**9** Schreib Fragen.

1. Wie alt / sein / Mario / ?          ● *Wie alt ist Mario?* _____   ○ Er ist 12.
2. heißen / Wie / sein Freund / ?      ● _____   ○ Alex.
3. seine Freunde / Was / schenken / ?  ● _____   ○ Ein Computerspiel.
4. Wann / die Party / Mario / feiern / ? ● _____   ○ Am Samstag um 14 Uhr.
5. du / Geburtstag / Wann / haben / ?  ● _____   ○ Im Januar.
6. Wie / ihr / Geburtstag / feiern / ? ● _____   ○ Mit einer Party.

**10** Fragen zur Familie. Ergänze das Verb.

1. haben: *Hast* _____ du einen Bruder?
2. mögen: _____ du Tiere?
3. sehen: _____ du deine Tante oft?

4. sein: _____ deine Schwester nett?
5. wohnen: _____ Oma und Opa in Ems?
6. heißen: _____ deine Oma Trude?

# Unser Schulfest

## Personalpronomen

**1** **Wer ist das? Lies Text A. Unterstreiche und mach Pfeile in Text B.**

A

> Pia hat einen Hund. Er heißt Plato. Er mag gern Pizza. Pia geht oft mit Plato spazieren. Sie spielt mit ihm im Park.

B

> Nadja will Pia anrufen, aber das Handy ist weg. Sie sucht überall. Es liegt unter dem Bett. Sie findet es und telefoniert mit Pia. Am Abend geht Nadja mit ihr ins Kino.

**2** **Was gehört zusammen? Ordne zu.**

1. _B_ Der Hund kann nicht singen.
2. ___ Das Pferd kann schnell laufen.
3. ___ Die Katze ist klein.
4. ___ Die Tiere haben Hunger.

A Sie ist erst einen Monat alt.
B Er bellt.
C Sie fressen.
D Es frisst Gras.

**3** ***er, es* oder *sie*? Ergänze das Personalpronomen.**

1. Nadja und Pia sind Freundinnen. _Sie_ hören zusammen Musik.   2. Pia hat einen Hund. _____ heißt Plato.   3. Robbie ist in der Turnhalle. _____ macht Musik.   4. Pia ist allein. _____ sucht Paul.   5. Pia sieht ein Skateboard. _____ gehört Paul.   6. Paul und Pia haben Hunger. _____ essen Pizza.   7. Siehst du das Motorrad? _____ gehört Frau Müller.

**4** **Markiere die Personalpronomen im Dativ und schreib sie in die Tabelle.**

> *Pia und Kolja haben ein Problem. Nadja, hilf ihnen!*

> *Wie gefällt dir die Dekoration?*

> *Gib uns bitte die Schere!*

> *Pia macht die Dekoration. Kolja, hilft ihr!*

> *Tut mir leid! Das geht nicht. Ich kann euch nicht helfen.*

> *Kolja ist allein. Nadja, hilf ihm, bitte.*

> *Frau Müller, gefällt Ihnen das Schulfest?*

| | Dativ |
|---|---|
| **ich** | |
| **du** | |
| **er/es** | |
| **sie** | |

| | Dativ |
|---|---|
| **wir** | |
| **ihr** | |
| **sie** | *ihnen* |
| **Sie** | |

**12**

**5** Finde die acht Dativpronomen in der Buchstabenschlange.

KLETMIRMPDIRÜFARSIHMPROIHRSRFERD UNSLUVEUCHMIEIHNENMAAXIHNEROP

mir, ... _____

_____

_____

_____

# Verben mit Dativ

**6** Ergänze das passende Pronomen im Dativ.

> dir • euch • ihm • ihnen • ihr • ~~mir~~ • uns

1. Was meinst du, Christine? Steht _mir_ der Pullover?
2. Alina, wie gefallen _____ meine Schuhe?
3. Nora kennt das Buch schon. Es gefällt _____ gut.
4. Kennt ihr den Film? Wie gefällt er _____?
5. Petra, komm bitte! Wir haben ein Problem. Kannst du _____ helfen?
6. Timo ist noch nicht fertig. Kannst du _____ helfen?
7. Meine Freunde haben viele Hausaufgaben. Deshalb helfe ich _____.

**7** Was ist richtig? Kreuze an.

1. Nadja, kannst du [x] uns [b] euch helfen?
2. Oh, Entschuldigung! Das tut [a] ihr [b] mir leid.
3. Das Kleid von Nora ist toll. Es steht [a] ihnen [b] ihr gut.
4. Das ist mein Zimmer. Gefällt es [a] uns [b] dir?
5. Paul mag den Hund von Pia. Er gefällt [a] ihm [b] ihr.
6. Habt ihr ein Problem? Kann ich [a] euch [b] uns helfen?
7. Robbie und seine Band machen Musik. Die Freunde hören [a] euch [b] ihnen zu.

**8** Schreib die passenden Sätze mit dem Dativpronomen.

1. Hallo Nora! Was ist los? _Wie geht es dir?_ (wie / es / gehen / dir / ?)
2. Frau Schneider, _____? (gehören / die Brille / Ihnen / ?)
3. Peter ist krank. _____ (der Kopf / wehtun / ihm / .)
4. Guten Tag, Frau Gerdes. _____ ( wie / gehen / es / Ihnen / ?)
5. Was macht ihr da? _____ (ich / können / helfen / euch / ?)
6. Nora und Julia sind allein. Timo, _____ (bitte / ihnen / helfen / !)
7. Petras Hose ist neu. _____. (sie / gut stehen / ihr / .)

# Fragen mit *welch-?*

**9** Ergänze die Formen von *welch-*.

| der Pullover | _Welcher_ Pullover? |
|---|---|
| das T-Shirt | _____ T-Shirt? |
| die Hose | _____ Hose? |
| die Schuhe | _____ Schuhe? |

**10 a** Ergänze die Artikel.

1. _die_ Tasche
2. _____ Pullover
3. _____ Hose
4. _____ Kleid
5. _____ Jacke
6. _____ Sweatshirt
7. _____ T-Shirt
8. _____ Rucksack

**b** Ergänze die richtige Form von *welch-*.

1. _Welches_ T-Shirt steht mir?
2. _____ Tasche gehört dir?
3. _____ Sweatshirt passt?
4. _____ Kleider gehören dir?
5. _____ Hose gefällt dir?
6. _____ Rucksack gehört dir?
7. _____ Jacke ist bequem?
8. _____ Pullover gefällt dir?

**11** Was sagen die Personen in dem Dialog? Kreuze an.

1. Welche ☐a Kleid ☒b Schuhe ☐c Rucksack passen?

2. Ich nehme die hier, sie passen sehr gut.
   Welche ☐a Kasse ☐b Preise ☐c Farbe gefällt dir?

3. Ich weiß nicht …
   Welche ☐a Brillen ☐b T-Shirt ☐c Hose passt dazu?

4. Ich ziehe immer Jeans an. Also, ich nehme die Schuhe in Braun.
   Und welches ☐a Sweatshirt ☐b Bluse ☐c Kleider steht mir?

5. Schau mal, das ist cool! Du siehst aus wie ein Popstar!
   Welcher ☐a Entschuldigung ☐b Popstar ☐c Band ?

**13**

*Es gibt ..., es ist ..., es geht ..., es regnet ...* | Präteritum: *sein* und *haben* | Lokalergänzungen: *Wohin?* und *Wo?*

# Endlich Ferien!

## Es gibt ..., es ist ..., es geht ..., es regnet

**1** **Wo passen die Ausdrücke mit *es*? Schreib sie in die Tabelle.**

> Es geht mir sehr gut. • Es gibt keine Disco. • Es gibt Eis! Lecker! • Es ist langweilig.
> ~~Wie ist es?~~ • ~~Es ist sehr heiß.~~ • Es ist toll! • Es ist total kalt.
> Es regnet. • ~~Gibt es einen See?~~ • Mir geht es schlecht. • ~~Wie geht es dir?~~

*Wie geht es dir?*     *Wie ist es?*     *Es ist sehr heiß.*     *Gibt es einen See?*

**2** **Was ist richtig? Kreuze an.**

1. Hallo Oma! Wie geht ☐ a sie ☒ b es dir?
2. Die Ferien sind schön. ☐ a Es ☐ b Er gibt jeden Tag eine Party.
3. Das Wetter ist schlecht. ☐ a Es ☐ b Man regnet jeden Tag.
4. Hier ist ☐ a er ☐ b es langweilig. ☐ a Es ☐ b Man gibt kein Kino und keine Disco.
5. Die Ferien sind toll. ☐ a Sie ☐ b Es ist sehr schön hier. Aber ☐ a sie ☐ b es ist sehr heiß.

**3** **Eine Postkarte aus den Ferien. Ergänze *ich*, *es* oder *wir*.**

Liebe Nora,

hier in Malle ist __es__ (1) total okay. __Ich__ (2) mache

richtig Ferien. Das Wetter ist super. _____ (3) regnet

nie, aber _____ (4) ist auch nicht so heiß. _____ (5)

schwimme jeden Tag. _____ (6) gibt viele junge Leute.

_____ (7) haben viel Spaß und _____ (8) lachen viel.

Aber _____ (9) mag das Essen nicht. Im Hotel gibt

_____ (10) immer Fisch. Du siehst, mir geht _____ (11)

total schlecht. ;-))

Liebe Grüße, Deine Klara

Nora Hagen

Mühlenstr. 17b

D-82701 Bad Hausen

Deutschland

# Präteritum: *sein* und *haben*

**4** Pia und Nadja erzählen. Was gehört zusammen? Ordne zu.

A Oh! Es ist so heiß.

B Ach! Die Ferien sind so schnell vorbei.

C Schön! Wir haben viel Spaß!

D Super! Ich bin auf einer Insel.

E Oje! Ich habe kein Internet.

F Armer Papa! Er hat keine Ferien.

1. _E_ Ich hatte kein Internet.
2. ____ Mein Papa hatte keine Ferien.
3. ____ Ich war auf einer Insel.
4. ____ Die Ferien waren so schnell vorbei.
5. ____ Wir hatten viel Spaß.
6. ____ Es war sehr heiß.

**5** **a** Markiere die Formen von *sein* und *haben*.

1. Ich war in Mallorca. Es war total langweilig.

2. Wir waren in den Ferien zu Hause. Und wo wart ihr?

3. Hatten Sie schöne Ferien, Frau Müller?

4. Wo warst du in den Ferien? Hattest du viel Spaß?

5. Wir hatten kein Glück. Das Wetter war schlecht.

6. Meine Eltern hatten keine Ferien. Sie waren immer zu Hause.

| Präteritum | sein | haben |
|---|---|---|
| ich | war | hatte |
| du | | |
| er/es/sie | | hatte |
| wir | | |
| ihr | | hattet |
| sie | | |
| Sie | waren | |

**b** Ergänze die Tabelle.

**6** *war* und *hatte*: Ergänze die richtigen Formen.

1. Wo w_arst____ du gestern?  2. W_____ du krank?  3. Ich h_____ gestern frei.  4. Es w_____ sehr schön.  5. Unsere Lehrerin w_____ nicht da.  6. Alex und ich w_____ gestern im Kino.  7. Aber der Film w_____ schlecht.  8. Wir h_____ keinen Spaß.  9. Meine Eltern h_____ ein paar Tage frei.  10. Wir w_____ in Hamburg.

**7** Schreib Sätze im Präteritum.

1. Robbie / zu Hause / sein / .   _Robbie war zu Hause._____
2. tolle Ferien / er / haben / .   _____
3. haben / die Freunde / viel Spaß / .   _____
4. das Wetter / schön / sein / .   _____
5. sein / wie / deine Ferien / ?   _____

# 13

## Lokalergänzungen: *Wohin?* und *Wo?*

**8** **Wo machen die Personen Ferien? Ordne zu.**

| | |
|---|---|
| 1. _E_ Kolja fährt an den Bodensee. | A ... in Athen. |
| 2. ____ Paul fährt zu seiner Oma. | B ... in der Schweiz. |
| 3. ____ Pia fährt nach Athen. | C ... in Italien. |
| 4. ____ Nadja fährt ans Meer. | D ... bei seiner Oma. |
| 5. ____ Anton fährt in die Schweiz. | E ... am Bodensee. |
| 6. ____ Frau Müller fährt nach Italien. | F ... am Meer. |

Er/Sie macht Ferien ...

**Wohin fahren die Personen?**   **Wo machen die Personen Ferien?**

**9** **Welches Fragewort passt? Ergänze *Wohin?* oder *Wo?***

1. Pia fährt nach Rom   _Wohin?_
2. Mia kauft im Supermarkt ein. _____
3. Nora arbeitet beim Bäcker. _____
4. Frau Müller fährt in die Berge. _____
5. Ich wohne am Park. _____
6. Geh zur Post! _____
7. Kolja fährt an den Bodensee. _____
8. Ich kaufe auf dem Markt ein. _____

**10** **Was ist richtig? Kreuze an.**

1. Nora fährt im Sommer ☒ nach Athen  [b] in Athen.
2. Alex macht Ferien [a] zu seinem Opa  [b] bei seinem Opa.
3. Frau Müller fährt in den Ferien [a] in die Schweiz  [b] in der Schweiz.
4. Tom fährt mit seinen Eltern [a] am Meer  [b] ans Meer.
5. Julia macht Ferien [a] in Österreich  [b] nach Österreich.
6. Marius fährt [a] zu seinem Vater  [b] bei seinem Vater.

**11** **Welches Verb passt? Ergänze *gehen* oder *warten*.**

1. Ich _gehe_ zur Schule.
2. Robbie _____ an der Schule.
3. Wir _____ zum Bahnhof.
4. Ich _____ auf dem Marktplatz.
5. Nadja _____ zum Park.
6. Plato _____ im Park.
7. Die Schüler _____ zum Schwimmbad.
8. Die Eltern _____ in der Post.

# Gute Besserung

## Genitiv bei Eigennamen

**1** Was fehlt auf dem Bild? Ergänze in der Tabelle.

Frau Müller    Nadja   Jannik   Pia   Plato   Paul   Robbie
(Lehrerin)

1. _Frau Müllers_ Füße

2. _____ Hund

3. _____ Brille

4. _____ Mund

5. _____ Haare

6. _____ Ohren

**2** Name mit *-s* oder *von*? Sortiere.

> ~~Noras Gitarre~~ • der Tee von Frau Eiles • die Freunde von Lukas • Julias Pferd • Hannas Ferien
> das Buch von Moritz • ~~der Vater von Alex~~ • Timos Skateboard

| -s | von ... |
|---|---|
| _Nora,_ | _Alex,_ |
|  |  |

**3** Wem gehört das? Ergänze die Namen in den Sätzen.

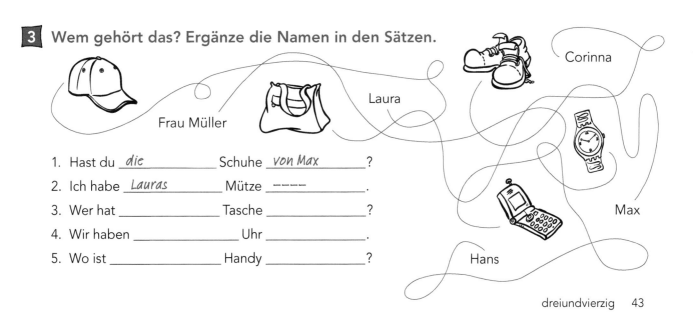

Corinna

Laura

Frau Müller

Max

Hans

1. Hast du _die_____ Schuhe _von Max_____?

2. Ich habe _Lauras_____ Mütze _– – – –_.

3. Wer hat _____ Tasche _____?

4. Wir haben _____ Uhr _____.

5. Wo ist _____ Handy _____?

# 14

## Personalpronomen im Akkusativ und Dativ

**4  a  Schreib die markierten Akkusativpronomen in die Tabelle.**

Alex ist krank. Nora und Julia besuchen **ihn** am Nachmittag.

Lisa spricht so leise. Man versteht **sie** nicht.

Ich mache Tee für **euch**.

Holst du **mich** nach der Schule ab?

Hast du Hunger? Ich koche Spaghetti für **uns**.

Tut mir leid, Frau Eiles, ich verstehe **Sie** nicht.

Nora und Julia kommen später. Ich hole **sie** am Bahnhof ab.

Wo ist das Handy? Ich finde **es** nicht.

Wann kommst du? Ich hole **dich** am Bahnhof ab.

| Nominativ | **Akkusativ** | Dativ |
|-----------|---------------|-------|
| ich | *mich* | mir |
| du | | dir |
| er | | ihm |
| es | | ihm |
| sie | | ihr |

| Nominativ | **Akkusativ** | Dativ |
|-----------|---------------|-------|
| wir | | uns |
| ihr | | euch |
| sie | | ihnen |
| Sie | | Ihnen |

**b  Welches Pronomen aus der Tabelle passt? Ergänze.**

1. Alex ist krank. Ich rufe _ihn_ am Nachmittag an.   2. Wo bist du? Ich suche _____ überall!

3. Martin lernt mit Nora. Heute besucht er _____.   4. Möchtest du das Buch lesen? Ich

finde _____ super.   5. Kommt ihr am Abend zu mir? Ich koche für _____.   6. Herr Meier,

ich rufe _____ heute Abend an.   7. Wir besuchen Julia. Sie holt _____ am Bahnhof ab.

8. Nora und Julia haben Hunger. Ich koche Spaghetti für _____.   9. Ich bin allein zu Hause.

Kannst du _____ besuchen?

**5  Ist das Dativ oder Akkusativ? Notiere A für Akkusativ und D für Dativ.**

1. Die Jacke steht **dir** nicht. _D_

2. Deine Jacke ist toll, sie gefällt **mir**. _____

3. Lisa ist sehr nett, ich mag **sie** gern. _____

4. Kann ich **euch** helfen? _____

5. Ich rufe **dich** heute Abend an. _____

6. Wer ist das? Kennst du **ihn**? _____

7. Das Heft ist von Max, es gehört **ihm**. _____

8. Wo seid ihr? Wir suchen **euch**. _____

9. Hallo! Kannst du **mich** hören? _____

10. Lea hat eine Brille. Sie steht **ihr** gut. _____

**6  Dativ oder Akkusativ? Ergänze das Personalpronomen. Die Formen in 4a helfen.**

1. Ich habe keine Zeit, es tut _mir_ leid.   2. Max hat eine Freundin. Kennst du _____?   3. Peter

hat ein Problem. Kannst du _____ helfen?   4. Kennt ihr den Film? Wie gefällt er _____?

5. Hast du heute Zeit? Ich möchte _____ besuchen.   6. Nora sucht Peter. Sie findet _____ auf

dem Schulhof.   7. Das ist die DVD von Max, sie gehört _____.

# Präsens und Präteritum: *sein, haben*

**7** Wer ist das? Ergänze die richtige Form von *sein* und *haben* im Präsens.

Ich heiße Tim, ich __*bin*__ (1) 11 Jahre alt. Links, das _____ (2) Jan und meine Mama. Jan

_____ (3) sechs Jahre alt. Er _____ (4) ziemlich cool und _____ (5) viele Freunde.

Und das _____ (6) Othello, mein Papagei. Othello _____ (7) schon ziemlich alt, ungefähr

40 Jahre!! Jan _____ (8) auch ein Haustier, einen Hamster. Und wir _____ (9) auch einen

Hund, Jago. Unsere Familie _____ (10) sehr groß: drei Personen und drei Haustiere.

**8** **a** Wie sind die Ferien? Markiere die Formen von *sein* und *haben*.

Liebe Tante Eva!

Es ist okay in Italien, die Ferien sind gut.

Das Wetter ist schön, aber ich habe keinen Spaß.

Meine Freundinnen sind nicht dabei.

Es ist langweilig ohne sie. Ich bin oft allein.

Wie sind deine Ferien? Ist alles okay bei dir?

Tschüs!

Deine Klara

__*war, ...*__

_____

_____

_____

_____

**b** Was erzählt Klara nach den Ferien? Schreib die Verben im Präteritum.

**9** Schreib Sätze im Präteritum.

1. letzte Woche / wo / du / sein / ?
   __*Wo warst Du letzte Woche?*__

2. sein / nicht / in der Schule / du / .
   __*Du ...*__

3. ich / beim Arzt / sein / .
   _____

4. Bauchschmerzen / ich / haben / .
   _____

5. haben / ich / auch / Kopfschmerzen / .
   _____

6. ich / sein / richtig krank / .
   _____

# Mein Zimmer

## *ihr*-Imperativ

**1  a  Wohin geht Tom? Wohin gehen Eva und Tina? Notiert das Ziel.**

Geh zuerst geradeaus! Bieg dann rechts ab!
Geh bis zur Frankestraße! Geh nach links,
immer geradeaus!

Fahrt geradeaus! Das ist die Heinrichstraße.
Biegt links ab, in die Marktstraße! Fahrt dann
nach rechts! Fahrt immer geradeaus!

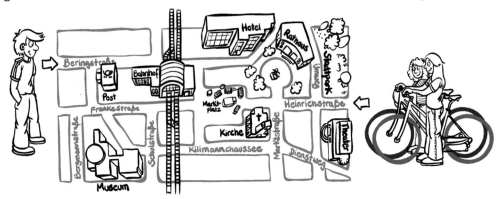

Toms Ziel: _____          Evas und Tinas Ziel: _____

**b  Sind die Sätze für Tom oder für Eva und Tina? Ordne zu.**

1. a) Fahr bis zur Haltestelle Marktstraße! – b) Fahrt bis zu Haltestelle Marktstraße!

2. a) Geht an der Haltestelle rechts raus! – b) Geh an der Haltestelle rechts raus!

3. a) Bieg dann links ab! – b) Biegt dann links ab!

4. a) Geht geradeaus bis zur Schulstraße! – 4 b) Geh geradeaus bis zur Schulstraße!

5. a) Klingel bei der Hausnummer 17! – 5 b) Klingelt bei der Hausnummer 17!

Tom: *1a, ...* _____          Eva und Tina: _____

**c  Schreib die Sätze 1a, 2a und 3a in die Tabelle.**

| *Fahr* | *bis zur Haltestelle Kirchstraße!* | |
| | | *raus!* |
| | *dann links* | |
| **Position 1** | | **Satzende** |

**2  Schreib Aufforderungen mit *ihr*-Imperativ.**

1. Bio lernen! *Lernt Bio!* _____          4. Die Aufgaben machen! _____

2. Aufräumen! _____          5. Nach Hause gehen! _____

3. Sport machen! _____          6. Bescheid sagen! _____

# Lokalergänzungen: *Wo? Wohin?*

**3** **a** Wo ist Vera? Was passt zusammen? Notiere.

1. _F_ Vera kauft Lebensmittel.          A   Sie ist auf dem Markt.

2. ____ Vera kauft Brot und Kuchen.          B   Sie ist im Kaufhaus.

3. ____ Vera kauft Obst und Gemüse.          C   Sie ist in der Pizzeria.

4. ____ Vera probiert Kleidung.          D   Sie ist im Buchladen.

5. ____ Vera kauft ein Buch.          E   Sie ist beim Bäcker.

6. ____ Vera isst eine Pizza          F   Sie ist im Supermarkt.

**b** Markiere *auf, bei, in, zu.*

1. Vera geht zum Bäcker.   _Wohin?_          6. Jan kauft im Supermarkt ein. _____

2. Nora geht in die Pizzeria. _____          7. Julia ist beim Bäcker. _____

3. Ben ist auf dem Markt. _____          8. Max fährt zum Kaufhaus. _____

4. Tim ist im Buchladen. _____          9. Tina sitzt im Café. _____

5. Tom geht ins Café. _____          10. Ines fährt zur Schule. _____

**c** *Wo?* oder *Wohin?* Welche Frage passt in 3b?

**4** Was gehört zusammen? Notiere in der Tabelle.

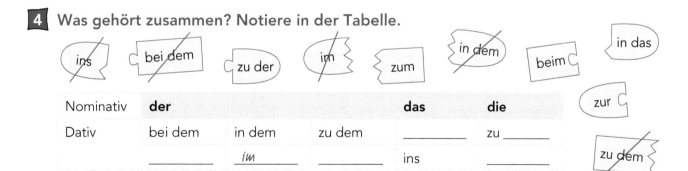

| Nominativ | **der** | | | **das** | **die** |
|-----------|---------|---------|---------|---------|---------|
| Dativ | bei dem | in dem | zu dem | _____ | zu _____ |
| | _____ | im | _____ | ins | _____ |

**5** Bens Wohnung. Was macht er wo? Schreib Sätze.

1. Zähne putzen – im Bad          _Ben putzt im Bad die Zähne._____

2. schlafen – in seinem Zimmer          _____

3. frühstücken – in der Küche          _____

4. Fußball spielen – im Garten          _____

5. fernsehen – im Wohnzimmer          _____

## Trennbare Verben

**6** **a** **Suche die Verben in den Sätzen. Markiere sie.**

> ~~einladen~~
> mitbringen
> einkaufen
> mitnehmen
> ankommen
> abholen

1. Die Freunde kommen mit der S-Bahn an.
2. Paul holt seine Freunde nicht ab, er hat keine Zeit.
3. Paul kauft mit seiner Mutter für die Party ein.
4. Paul lädt seine Freunde ein.
5. Pauls Freunde bringen einen Schlafsack mit.
6. Pia nimmt Plato zu Pauls Party mit.

**b** **Paul erklärt den Freunden den Weg. Ergänze die Verben.**

1. nehmen        _Nehmt_____ die S-Bahn Linie drei.

2. aussteigen     _____ an der Haltestelle Großdorf _____.

3. rausgehen      _____ an der Haltestelle links _____.

4. abbiegen       _____ dann rechts _____.

## Fragesätze

**7** **Schreib Fragen zu Pauls neuer Wohnung.**

1. ich / dein Zimmer / können / ansehen / ?        _Kann ich dein Zimmer ansehen?_____

2. Fußball spielen / im Garten / du / können / ?     _Kannst ..._____

3. fernsehen / können / du / in deinem Zimmer / ?   _____

4. du / einen Computer / im Zimmer / haben / ?      _____

5. lange / du / müssen / zur S-Bahn / gehen / ?      _____

**8** **Fragen, Fragen, Fragen: Ergänze das Fragewort.**

> ~~wann~~ • wann • was • welche • welche • wie • wo • wo

1. _Wann_____ fährt die S-Bahn?

2. _____ Farbe hat dein Zimmer?

3. _____ musst du aufstehen?

4. _____ S-Bahn müssen wir nehmen?

5. _____ müssen wir aussteigen?

6. _____ groß ist der Garten?

7. _____ ist die Toilette, bitte?

8. _____ gibt es in deinem Zimmer?

Wiederholung: Fragen und Antworten | Modalverben: *müssen, können* |
Aufforderungssätze | Artikelwörter im Nominativ und Akkusativ | Personalpronomen im Dativ und Akkusativ

16

# Finale

## Fragen und Antworten

**1 a Such die passenden Fragen zu den Informationen.**

1. _F_ Isolde Nagl
2. ___ 28 Jahre
3. ___ Harkortstraße 3
   04107 Leipzig
4. ___ Lehrerin
5. ___ Musik machen, Filme, Klettern

A Was essen Sie gern?
B Wie alt sind Sie?
C Wann stehen Sie auf?
D Was machen Sie?
E Wie geht es Ihnen?
F Wie ist Ihr Name, bitte?
G Wo wohnen Sie?
H Was sind Ihre Hobbys?

**b Schreib die Fragen A, B und C in die Tabelle.**

| W-Wort | Position 2 | | Satzende |
|--------|-----------|--|----------|
| Was | essen | | |
| | sind | | |
| | | | auf? |

**2 a Eine neue Mitschülerin. Schreib fünf Fragen. Die Antworten helfen.**

1. du / wie / heißen / ?   _Wie heißt du?_   ○ Kamila Nowak.
2. kommen / woher / du / ?   _____   ○ Aus Polen.
3. wie alt / sein / du / ?   _____   ○ 12 Jahre.
4. du / was / gern machen / ?   _____   ○ Freunde anrufen.
5. nicht mögen / was / du / ?   _____   ○ Früh aufstehen.

**b Beschreib die neue Mitschülerin. Verwende die Informationen aus 2a.**

| | Position 2 | | Satzende |
|--|-----------|--|----------|
| 1. *Sie* | *heißt* | *Kamila Nowak.* | |
| 2. *Sie* | | | |
| 3. | | *12 Jahre alt.* | |
| 4. *Kamila* | *gern* | | *an.* |
| 5. *Sie* | *nicht gern früh* | | |

## Modalverben: *müssen, können*

**3** **a** *Kannst du ...? Musst du ...? Schreib Fragen.*

> ~~Gitarre spielen~~ • früh aufstehen • Zimmer aufräumen • Freunde einladen

| Kannst | du Gitarre | spielen? |
|---|---|---|
| Musst | du früh | |
| | du das Zimmer | |
| | | |
| **Position 1** | | **Satzende** |

*Nein!*

*Nein, leider nicht!*

*Ja!*

*Na klar!*

**b Tims Schultag. Schreib Sätze.**

1. Tim / um sieben / aufstehen / müssen / .  *Tim muss um sieben aufstehen.*

2. er / nicht lange / schlafen / können / .  _____

3. der Bus / um acht / abfahren / .  _____

4. Tim / am Marktplatz / umsteigen / müssen / .  _____

## Aufforderungssätze

**4** **a** **Wer sagt das? Sortiere die Sätze.**

> Passt gut auf! • Nehmen Sie den Bus Linie 4! • ~~Hilf mir bitte!~~ • Komm mit!
> Steigen Sie am Bahnhof aus! • Macht eure Hausaufgaben!

1. „du"   *Hilf mir bitte!*  _____

2. „ihr"  _____

3. „Sie"  _____

**b Andere auffordern: Schreib Sätze.**

| „du" – mich um vier abholen | Hol | mich um vier | ab! |
|---|---|---|---|
| „ihr" – mir die Tür aufmachen | | | |
| „Sie" – beim Theater umsteigen | | | |
| „du" – dein Handy mitnehmen | | | |
| | **Position 1** | | **Satzende** |

# Artikelwörter im Nominativ und Akkusativ

**5** *der, das, die* oder *den*? Ergänze die Artikel.

1. ● Siehst du _das_ Auto?   ○ Wo ist _____ Auto?
2. ● Ich finde _____ Film sehr gut.   ○ Das stimmt, _____ Film ist wirklich gut.
3. ● Wo sind _____ Schuhe?   ○ Was suchst du? Suchst du _____ Fußballschuhe?
4. ● Kennst du _____ CD „Oh Johnny"?   ○ Wie bitte? Wie heißt _____ CD?
5. ● Wo ist _____ Ball?   ○ Suchst du _____ Volleyball?

**6** Ergänze *ein, eine, einen*. Manchmal brauchst du keinen Artikel.

1. Eva möchte _–––––_ Schuhe. Aber sie bekommt _ein_ T-Shirt.
2. Markus möchte _____ Katze. Aber er bekommt _____ Hund.
3. Anna möchte _ein_ Handy. Aber sie bekommt _____ Karten für das Kino.
4. Simon möchte _____ Uhr. Aber er bekommt _____ CDs.
5. Claudia möchte _____ Fahrrad. Aber sie bekommt _____ Ball.

**7** Ergänze *mein, dein, sein* ...

1. Robbie – das Handy   Wo ist _sein Handy?_
2. du – die Schuhe   Wo sind _____
3. Nadja – der Stift   Wo ist _____
4. wir – die Hefte   Wo sind _____
5. ich – das T-Shirt   Wo ist _____

# Personalpronomen im Dativ und Akkusativ

**8** *mir, dir, ihm* ... Ergänze die Personalpronomen im Dativ.

1. ● Guten Tag, Herr Schulze. Wie geht es _Ihnen_ ?   ○ Danke, gut! Und Ihnen ?
2. ● Gefällt _____ mein Kleid, Julia?   ○ Ja, es steht _____ gut.
3. ● Das T-Shirt gefällt _____ gut.   ○ Mir gefällt es auch, es steht _____ super!
4. ● Julia und Nora, kommt ihr auch zum Fest?   ○ Nein, es geht nicht, es tut _____ leid.
5. ● Peer hat ein Problem. Hilf _____ bitte!   ○ Ich komme schon!

**9** *mich* oder *mir*, *dich* oder *dir* ...? Schreib die Sätze.

1. ich | abholen | dir/dich | .   _Ich hole dich ab._
2. du | mir/mich | helfen | können | ?   _Kannst ..._
3. das Kleid | ihr/sie | gut stehen | .   _Das Kleid ..._
4. heute | ich | ihm/ihn | treffen | .   _Heute ..._
5. morgen | ich | ihnen/sie | anrufen | .   _Morgen ..._

# Buchstaben – Wörter – Sätze – Texte

## Das Alphabet

a b c d e f g h i j k l m n o p q r s t u v w x y z      26 Buchstaben
  b c d   f g h   j k l m n   p q r s t   v w x y z      Konsonanten
a     e     i        o     u      Vokale
ä               ö     ü      Umlaute

## Wörter

(der) Rucksack • (das) Handy • (die) Tasche      das Substantiv
der/ein/kein • das/ein/kein • die/eine/keine      der Artikel, das Artikelwort
gehen, kommen, anrufen, besuchen      das Verb
ich, du, er/es/sie … • mich, mir, dich, dir …      das Personalpronomen
mein/meine; dein/deine, sein/seine …      der Possessivartikel
schön, nett, warm …      das Adjektiv
wann, wo, wie, welch- …      das W-Wort
mit, ohne, in, nach, bei …      die Präposition

## Sätze

Nina wohnt in Leipzig.      der Aussagesatz
Am Wochenende kann sie lange schlafen.

Wie heißt du?      die W-Frage
Wohin willst du am Nachmittag gehen?

Magst du Musik?      die Ja-/Nein-Frage
Kannst du heute zu mir kommen?

Hilf mir bitte!      die Aufforderung
Kommt mit!
Wiederholen Sie das bitte noch einmal!

## Texte

Du bist an der Schule.
Du gehst geradeaus zum Krankenhaus.
Dann gehst du rechts, da ist die Post.
Dann gehst du zum Bahnhof.
Links ist das Museum …

die Notiz

Lukas

Ich mache viel Sport:
Ich spiele Tennis und
ich fahre Fahrrad. Ich
sammle Aufkleber
von Sportlern. Am
Wochenende besuche
ich meine Freunde und
wir gehen in die Disco.

der Steckbrief

Hallo!
Ich heiße Nilgün. Ich wohne in Söke. Das ist in der Türkei.
Ich bin fast 13 Jahre alt.
Ich lerne in der Schule Deutsch und Französisch.
Deutsch macht Spaß, aber ich muss noch viel üben
(für die Prüfung ☺ !).
Deshalb suche ich eine E-Mail-Freundin. (Ein E-Mail-Freund
ist auch okay.)
Meine Hobbys? Ich höre gern Musik und ich sehe gern
Fußball im Fernsehen.
Und du? Was magst du?
Viele Grüße
Nilgün

die E-Mail

● Hallo, ich heiße Monika.
○ Ich bin Sabine. Wie alt bist du?
● Ich bin 13 Jahre alt. Und du?
○ Ich bin 14. Gehst du auch in die Goethe-Schule?
● Nein. Ich gehe in die Erich-Kästner-Schule.
Meine Lehrerin heißt Frau Paulsen.

das Gespräch

Sport mit Freunden

Magst du Sport?
Dann komm zu uns. Hier kannst du Fußball
spielen, schwimmen, tanzen und vieles mehr.
Komm zu uns und mach Sport mit Freunden!

Nur 15 Euro im Monat!

Sport-Club 1860 Salzburg
Wiener-Platz 12
5014 Salzburg

die Anzeige

c   www.fussballfan.de

Hallo Fußballfreunde! Ich bin Angela und
Fußball ist mein Leben. Ich spiele selbst im
FC Junior in München und ich sehe alle Spiele
im Fernsehen. Frauenfußball finde ich super.
Meine Lieblingssportlerin ist Birgit Prinz. Sie
spielt für Deutschland.

das Forum

Siehst du die Frau dort im Fenster?
Siehst du den Baum dort im Hof?
Siehst du die Leute dort im Park?
Du bist nicht allein – niemand ist allein.
…

das Lied

Geburtstag ist echt toll,
da ist die Bude voll.

Mein Onkel Fritz, Grit, meine Tante
und andere Verwandte,
feiern das ganze Jahr,
das ist echt wahr!
…

das Gedicht

# Sätze, Fragen und Aufforderungen

## Sätze (Aussagesätze)

| | Position 2 Verb | | Satzende |
|---|---|---|---|
| Nina | wohnt | in Leipzig. | |
| Sie | ist | 14 Jahre alt. | |
| Nina | steht | um 7.00 Uhr | auf. |
| Am Wochenende | kann | sie lange | schlafen. |
| Max | spielt | gern Fußball. | |
| Er | ruft | oft seine Freunde | an. |
| Max | kann | auch sehr gut | schwimmen. |

## W-Fragen

| Position 1 W-Wort | Position 2 Verb | | Satzende |
|---|---|---|---|
| Wie | heißt | du? | |
| Wo | wohnt | Nina? | |
| Wann | stehst | du am Morgen | auf? |
| Wohin | willst | du nach der Schule | gehen? |
| Warum | könnt | ihr heute nicht | kommen? |

## Ja-/Nein-Fragen

| Position 1 Verb | | Satzende |
|---|---|---|
| Magst | du Musik? | |
| Rufst | du heute Abend | an? |
| Kommt | ihr auch | mit? |
| Kannst | du heute zu mir | kommen? |
| Wollt | ihr am Nachmittag | lernen? |

● Magst du Musik?  ○ Ja.
　　　　　　　　　○ Nein.

● Rufst du heute Abend an?  ○ Ja.
　　　　　　　　　　　　　○ Nein.

# Aufforderungen

| Position 1 Verb | | Satzende |
|---|---|---|
| Hilf | mir bitte! | |
| Ruf | mich heute Nachmittag | an! |
| Macht | bitte keinen Lärm! | |
| Kommt | doch auch | mit! |
| Wiederholen | Sie das bitte noch einmal! | |
| Hören | Sie bitte gut | zu! |

# Sätze verbinden

### Konnektoren *und, oder, aber*

Ich **möchte** viele Freunde haben.

1. Ich **habe** viele Freunde.
2. Ich **habe** keine Freunde.
3. Ich **möchte** einen guten Freund.

| | Position 2 Verb | | | | Position 2 Verb | |
|---|---|---|---|---|---|---|
| 1. Ich | möchte | viele Freunde haben | **und** | ich | habe | viele Freunde. |
| 2. Ich | möchte | viele Freunde haben, | **aber** | ich | habe | keine Freunde. |
| 3. Ich | möchte | viele Freunde haben | **oder** | ich | möchte | einen guten Freund. |

Ich gehe in die Schule und ich lerne Deutsch.
Ich gehe in die Schule und lerne Deutsch.

### Konnektor *deshalb*

| | Position 1 Konnektor | Position 2 Verb | |
|---|---|---|---|
| 1. Lukas mag Frankreich. | **Deshalb** | lernt | er Französisch. |
| 2. Nora macht gern Musik, | **deshalb** | spielt | sie Gitarre in einer Band. |

## Texte machen: *zuerst, dann, danach*

| Nadja | hat | keine Zeit. |
| Zuerst | kocht | Nadja eine Suppe. |
| Dann | übt | sie Klavier. |
| Danach | lernt | Nadja Mathe. |
| Position 1 | Position 2<br>Verb | |

# Verben

## Formen der Verben

| | sein | haben | singen | fahren | möchten | wissen |
|---|---|---|---|---|---|---|
| ich | bin | habe | singe | fahre | möchte | weiß |
| du | bist | hast | singst | fährst | möchtest | weißt |
| er/es/sie | ist | hat | singt | fährt | möchte | weiß |
| wir | sind | haben | singen | fahren | möchten | wissen |
| ihr | seid | habt | singt | fahrt | möchtet | wisst |
| sie | sind | haben | singen | fahren | möchten | wissen |
| Sie | sind | haben | singen | fahren | möchten | wissen |

| heißen | ich heiße | du hei**ß**t | er/es/sie heißt | Wie heißt du? |
| warten | ich warte | du wart**e**st | er/es/sie wart**e**t | Wartest du schon lange? |
| nehmen | ich nehme | du **nimm**st | er/es/sie **nimm**t | Max nimmt einen Tee. |

Verben mit Vokalwechsel aus *Logisch!* A1
a → ä   fahren, halten, laufen, raten, schlafen, tragen, waschen, anfangen, einladen, gefallen
e → i   essen, fressen, geben, helfen, lesen, nehmen, sehen, sprechen, treffen, vergessen

## Präteritum von *sein* und *haben*

| *Singular* | sein | haben |
|---|---|---|
| ich | war | hatte |
| du | warst | hattest |
| er/es/sie | war | hatte |

| *Plural* | sein | haben |
|---|---|---|
| wir | waren | hatten |
| ihr | wart | hattet |
| sie | waren | hatten |
| Sie | waren | hatten |

Ich war in den Ferien in Spanien. Es war total langweilig. Und wo wart ihr?
Meine Eltern hatten keine Ferien. Ich hatte viel Spaß mit meinen Freunden.

## Imperativ

|  | du | ihr | Sie |
|---|---|---|---|
| **kommen** | Komm! | Kommt! | Kommen Sie! |
| **nehmen** | Nimm! | Nehmt! | Nehmen Sie! |
| **zeichnen** | Zeichne! | Zeichnet! | Zeichnen Sie! |
| **aufräumen** | Räum auf! | Räumt auf! | Räumen Sie auf! |

**Imperativ in Aufforderungssätzen:** siehe S. 52

## Modalverben

|  |  | können | müssen | wollen |
|---|---|---|---|---|
| **Singular** | **ich** | kann | muss | will |
|  | **du** | kannst | musst | willst |
|  | **er/es/sie** | kann | muss | will |
| **Plural** | **wir** | können | müssen | wollen |
|  | **ihr** | könnt | müsst | wollt |
|  | **sie** | können | müssen | wollen |
|  | **Sie** | können | müssen | wollen |

### Modalverben in Sätzen und W-Fragen

| | | | |
|---|---|---|---|
| Naja | kann | Gitarre | spielen. |
| Kolja und Paul | wollen | einen Freund | besuchen. |
| Wann | musst | du am Morgen | aufstehen? |
| Wie lange | müsst | ihr am Montag | lernen? |
| | **Position 2** | | **Satzende** |

### Modalverben in Ja-/Nein-Fragen

| | | |
|---|---|---|
| **Kannst** | du heute zu mir | kommen? |
| **Wollt** | ihr am Nachmittag | lernen? |
| **Position 1** | | **Satzende** |

## Trennbare Verben

| | | | Position 2<br>Verb | | Satzende |
|---|---|---|---|---|---|
| aufstehen | ich stehe auf | Pia | steht | um neun | auf. |
| einkaufen | ich kaufe ein | Sie | kauft | im Supermarkt | ein. |
| mitnehmen | ich nehme mit | Sie | nimmt | Plato | mit. |
| anrufen | ich rufe an | Sie | ruft | Nadja | an. |
| abholen | ich hole ab | Nadja | holt | ihre Freundin Pia | ab. |

### Trennbare Verben und Modalverben

auf|stehen     Ich {stehe} (auf}.       Ich (muss) früh (auf|stehen).

an|rufen     Pia {ruft} Nadja (an}.       Pia (will) Nadja (an|rufen).

### Trennbare Verben aus *Logisch! A1*

abbiegen, abfahren, abholen, absagen, anfangen, ankommen, anrufen, ansehen, anziehen, aufhängen, aufmachen, aufpassen, aufräumen, aufstehen, aufwachen, aushaben, aussehen, aussteigen, einkaufen, einladen, einsteigen, fernsehen, freihaben, gernhaben, leidtun, losfahren, mitbringen, mitkommen, mitmachen, mitnehmen, rausgehen, umsteigen, vorspielen, wegfahren, weggehen, wehtun, weitermachen, zusagen, zusammenpassen

# Substantive

| Singular = 1 | | | Plural = 2 oder mehr |
|---|---|---|---|
| **der** | **das** | **die** | **die** |
| der Rucksack | das Handy | die Tasche | die Rucksäcke, die Handys, die Taschen |

Der Rucksack ist schwer.          Die Rucksäcke sind schwer.

# Artikelwörter

## Artikelwörter und Substantive: Formen im Nominativ

| Artikelwort | Singular<br>der | das | die | Plural<br>die |
|---|---|---|---|---|
| ein, eine | Das ist **ein** Rucksack. | Das ist **ein** Handy. | Das ist **eine** Tasche. | Das sind Rucksäcke. Handys. Taschen. |
| kein, keine | Das ist **kein** Bleistift. | Das ist **kein** Buch. | Das ist **keine** Brille. | Das sind **keine** Stifte. **keine** Bücher. **keine** Brillen. |
| der, das, die | **Der** Rucksack ist schwer. | **Das** Handy ist blau. | **Die** Tasche ist braun. | **Die** Rucksäcke **Die** Handys sind neu. **Die** Taschen |

## Artikelwörter und Substantive: Formen im Akkusativ

| | Siehst du … | Ich sehe … | Eva sieht … |
|---|---|---|---|
| der | … **den** Baum? | … **einen** Baum. | … **keinen** Baum. |
| das | … **das** Baby? | … **ein** Baby. | … **kein** Baby. |
| die | … **die** Frau? | … **eine** Frau. | … **keine** Frau. |
| die (Pl.) | … **die** Leute? | … Leute. | … **keine** Leute. |

### Verben mit Akkusativ
z. B. haben, sehen, lesen, schreiben, essen, bekommen, besuchen, brauchen, feiern, finden, hören, …

# Possessivartikel *mein, dein, sein …*

| | **der** Name | **das** Buch | **die** Lehrerin | **die** Schuhe |
|---|---|---|---|---|
| ich | mein | mein | meine | meine |
| du | dein | dein | deine | deine |
| er | sein | sein | seine | seine |
| es | sein | sein | seine | seine |
| sie | ihr | ihr | ihre | ihre |
| wir | unser | unser | unsere | unsere |
| ihr | euer | euer | eure | eure |
| sie | ihr | ihr | ihre | ihre |
| Sie | Ihr | Ihr | Ihre | Ihre |

# Genitiv bei Eigennamen

Frau Müllers Motorrad, Robbies Brille, Janniks Haare, Pias Hund Plato, Nadjas Freundin
*aber:*
der Tee von Frau Eiles, das Buch von Lukas, die Freunde von Moritz, das Handy von Alex

| Name + Genitiv-s | *von* + Name |
| --- | --- |
| Frau Müller, Robbie, Jannik, Pia, Nadja | Frau Eiles, Lukas, Moritz, Alex |

# Adjektiv + *sein*

Mein Freund **ist cool**. Meine Freundin **ist super**. Meine Eltern **sind nett**.

**Adjektive**
z. B. cool, wichtig, schön, nett, super, doof, alt, neu, warm, kalt …

# W-Wörter

| Position 1 W-Wort | Position 2 Verb | |
| --- | --- | --- |
| **Wie** | heißt | die Frau? |
| **Wo** | wohnt | sie? |
| **Woher** | kommt | sie? |
| **Wohin** | gehst | du? |

| Position 1 W-Wort | Position 2 Verb | |
| --- | --- | --- |
| **Wann** | bist | du fertig? |
| **Warum** | lachst | du? |
| **Wer** | ist | das? |
| **Was** | machst | du? |

# Personalpronomen: Nominativ, Akkusativ, Dativ

| Nominativ | Akkusativ | Dativ |
| --- | --- | --- |
| **ich** | mich | mir |
| **du** | dich | dir |
| **er** | ihn | ihm |
| **es** | es | ihm |
| **sie** | sie | ihr |

| Nominativ | Akkusativ | Dativ |
| --- | --- | --- |
| **wir** | uns | uns |
| **ihr** | euch | euch |
| **sie** | sie | ihnen |
| **Sie** | Sie | Ihnen |

**Ich** mag Musik.
**Du** magst lieber Tanzen.
**Er** spielt Gitarre.
**Sie** singt in einer Band.
**Wir** singen ein Lied.
**Ihr** seid nett!
**Sie** machen Ferien.

Besuch **mich** am Wochenende.
Ich rufe **dich** an.
Ich sehe **ihn** heute.
Ich treffe **sie** morgen.
Kannst du **uns** hören?
Ich nehme **euch** mit.
Ich lade **sie** ein.

Es geht **mir** gut.
Wie geht es **dir**?
Wir helfen **ihm**.
Der Pullover steht **ihr** gut.
Schreib **uns** eine Postkarte!
Ich helfe **euch**.
Ich gehe mit **ihnen**.

## Personalpronomen: Referenz

Das ist Herr Maier . **Er** ist unser Hausmeister. **Er** ist total nett und alle haben **ihn** gern.

Eva ist meine Freundin. **Sie** ist 13 Jahre alt, ich habe **sie** sehr gern. Ich gehe oft mit **ihr** nach Hause.

Siehst du das Pferd ? **Es** heißt Toli. Nach der Schule gehe ich immer **zu ihm**.

Unsere Lehrer sind okay. **Sie** sind ziemlich nett, ich mag **sie** gern. Wir haben manchmal auch Spaß

**mit ihnen.**

## Pronomen *es*

| | | | |
|---|---|---|---|
| Wie geht **es** dir? | **Es** ist okay. | **Es** ist sehr heiß. | Gibt **es** einen See? |
| **Es** geht mir sehr gut. | **Es** ist langweilig. | **Es** regnet. | **Es** gibt keine Disco. |
| Mir geht **es** schlecht. | **Es** ist sehr schön. | **Es** ist total kalt. | **Es** gibt Eis. Lecker! |

## Pronomen *man*

Im Schulcafé kann **man** Kuchen essen.
Im Kino kann **man** Filme sehen.
In Japan spricht **man** Japanisch.

# Präpositionen

| | | | | |
|---|---|---|---|---|
| **in** | Lea fährt **in die** Schweiz.<br>Klara wohnt **in der** Schweiz. | **aus** | Leo kommt **aus der** Schweiz. |
| **an** | Alex fährt **an den** Bodensee.<br>Lara wohnt **am** Bodensee. | **von** | Hast du das Handy **von** Lukas? |
| | | **mit** | Ich fahre **mit dem** Fahrrad. |
| **auf** | **Auf dem** Markt gibt es Eier. | **ohne** | **Ohne** Computer geht es nicht. |
| **bei** | Ich war am Sonntag **bei** Opa.<br>Max wohnt **beim** Sportplatz. | **für** | Man braucht Butter **für einen** Kuchen. |

*Woher? – aus ...*

|  | kein Artikel | Singular: *die* | Plural: *die* |
|---|---|---|---|
| Er kommt | ... aus Deutschland. | ... aus der Schweiz. | ... aus den USA. |

*Wo? – in ...*

|  | kein Artikel | Singular: *die* | Plural: *die* |
|---|---|---|---|
| Sie wohnt | ... in Deutschland. | ... in der Schweiz. | ... in den USA. |

*Wohin? – nach ..., in ...*

|  | kein Artikel | Singular: *die* | Plural: *die* |
|---|---|---|---|
| Wir fahren | ... nach Deutschland. | ... in die Schweiz. | ... in die USA. |

*Wohin? und Wo?*

| **Wohin?** | **Wo?** |
|---|---|
| Pia fährt **nach** Rom. | Sie macht Ferien **in** Rom. |
| Anton fährt **in die** Schweiz. | Er macht Ferien **in der** Schweiz. |
| Kolja fährt **an den** Bodensee. | Er macht Ferien **am** Bodensee. |
| Nadja fährt **ans** Meer. | Sie macht Ferien **am** Meer. |
| Paul fährt **zu einem** Freund. | Er macht Ferien **bei einem** Freund. |

# Fragen mit *Welch-?*

| **der** Pullover | Welch**er** Pullover | steht | mir? |
|---|---|---|---|
| **das** T-Shirt | Welch**es** T-Shirt | gefällt | dir? |
| **die** Hose | Welch**e** Hose | ist | besser? |
| **die** Schuhe | Welch**e** Schuhe | passen? | |
|  |  | **Position 2 Verb** | |

# Über Grammatik sprechen

| Beispiele | Deutsch | Deine Sprache |
|---|---|---|
| a, b, c, d, e, f, g, … | der Buchstabe | _____ |
| b, c, d, f, g, h, j, … | der Konsonant | _____ |
| a, e, i, o, u | der Vokal | _____ |
| ä, ö, ü | der Umlaut | _____ |
| ich / eine / Tasche / kaufen / … | das Wort | _____ |
| Ich kaufe eine Tasche. | der Satz | _____ |
| | die Frage: | _____ |
| Was ist das? Wo wohnst du? | die W-Frage | _____ |
| Hast du Zeit? Kommst du? | die Ja-/Nein-Frage | _____ |
| Mach das! Hört zu! Wiederholen Sie bitte! | die Aufforderung | _____ |
| | | |
| gehen, kommen, essen, trinken, … | das Verb | _____ |
| können, wollen, müssen | das Modalverb | _____ |
| anrufen, aufstehen, aussteigen | das trennbare Verb | _____ |
| verstehen, entschuldigen | das untrennbare Verb | _____ |
| ich fahre – du fährst; ich lese – du liest | Verb mit Vokalwechsel | _____ |
| ich gehe, du gehst, er geht | Formen | _____ |
| Geh! Lies! Lauft! Nehmt! | der Imperativ | _____ |
| | | |
| Heute ist Montag. Ich habe keine Zeit. | das Präsens | _____ |
| Gestern war Montag. Ich hatte keine Zeit. | das Präteritum | _____ |
| | | |
| der Rucksack, das Handy, die Tasche | das Substantiv | _____ |
| der Rucksack, ein Handy, keine Tasche | der Singular | _____ |
| die Rucksäcke, Handys, Taschen | der Plural | _____ |
| der, das, die | der Artikel | _____ |
| der, das, die; ein, eine; kein, keine | Artikelwörter | _____ |
| mein, dein, sein, … | der Possessivartikel | _____ |
| ich, du, er, es, sie, … | das Personalpronomen | _____ |
| weiß, alt, schön, cool | das Adjektiv | _____ |
| für, mit, ohne, von, … | die Präposition | _____ |
| Wer?, Wo?, Wohin?, Was?, Wann?, Wie? | das Fragewort | _____ |
| | | |
| Das ist der Mann, ein Baby, keine Frau. | der Nominativ | _____ |
| Ich sehe den Mann, ein Baby, keine Frau. | der Akkusativ | _____ |
| Wir helfen dir! | der Dativ | _____ |
| Noras Buch | der Genitiv | _____ |

# Mein Grammatik-Merkzettel